中国人民大学科学研究基金项目"中国财政金融政策前沿问题研究"（批准号：17XNQJ01）

DC型养老金
管理问题研究

Research on DC Pension Fund Management

何林 ◎ 著

中国财经出版传媒集团

经济科学出版社
Economic Science Press

前 言

确定缴费（defined contribution，DC）型养老金是资金累积型养老金，即参保者在工作期定期向个人账户缴纳确定金额的参保费，并将积累的资金用于投资以获得增值，在退休后领取养老金的模式。企业年金和个人账户商业养老金即为 DC 型养老金。与之相对应的为传统的确定待遇（defined benefit，DB）型养老金。该种养老金筹资模式下，参保者缴费是不确定的，但是退休后可以领取确定金额的养老金。现收现付制养老金即为一种典型的 DB 型养老金。随着人口老龄化形势的日益严峻，人口结构的变化引起了缴费期人口的减少和领取期人口的激增，DB 型养老金的给付能力受到了巨大的冲击。同时，DC 型养老金存在机制灵活、转移方便、投资效率高，以及能够有效应对人口老龄化冲击等特点。在世界范围内，DC 型养老金正逐步取代 DB 型养老金，成为主流的养老金筹资模式。

对于 DB 型和 DC 型养老金优劣的比较，阿罗（Arrow）条件指出，当 DC 型养老金模式下的投资收益率高于 DB 型养老金模式下人口增长率和工资增长率的复合之积时，选择 DC 型养老金是最优的。由此可见，决定 DC 型养老金成败的关键为是否能够通过有效的资产配置策略，实现养老金的增值和保值，并为参保者提供较高的养老福利。同时，在养老金领取机制方面，DC 型养老金的管理者和参保者被给予了更大的灵活性，即可以通过定制化的领取方案，实现带有异质特征的参保者个人效用的最大化。因此，资产配置策略和领取方案是本研究中两个重要的控制变量。我们将以随机动态优化的视角，建立养老金管理的控制优化模型，并利用极大值原理、HJB（Hamilton-Jacobi-Bellman）变分方法等动态优化的理论与方法进行解决。

在以 DC 型养老金为主要筹资模式的养老金系统中，其发展程度是非常高的。DC 型养老金在具体的筹资模式、精算模型和领取方式上存在多种细分模式，适合不同的参保者。如何为异质特征的参保者选择最优的细分模式，并在该模式下选择最优的资产配置策略，是养老金管理者和参保者面临的重要课题。例如，股票挂钩生存年金（equity linked annuity，ELA）和股票挂钩养老金（equity linked income drawdown，ELID）是两种重要的 DC 型养老金细分类型。前者的特点为生存的参保者可以获得早亡者的账户养老金作为生存者利益，同时不存在遗产。而 ELID 型养老金模式下则不存在生存者利益，但是参保者在死亡时可以将账户养老金作为遗产。可以判断，具有不同的健康状况和遗产动机的参保者对以上两种细分的养老金模型的偏好程度显然是不同的。同时，在两种养老金模式下的投资策略和领取方案也应该存在较大的差异。因此，研究细分类型的 DC 型养老金的模式选择和最优策略制定问题是非常重要的课题，该问题的解决可以帮助参保者获得更大的养老效用。

本书中，我们将建立 DC 型养老金管理中实际问题的随机优化模型，并利用极大值原理、HJB 变分方法等随机优化的方法，得到半解析形式的最优策略。进而，利用蒙特卡罗（Monte Carlo）方法模拟养老金投资策略随参保者年龄变化的一般规律，反映生命周期因素对最优策略的影响。最后，研究重要的参数对策略选择的影响。参数既包括参保者异质的特征参数，也包括资产投资回报率等外生变量。由此可见，养老金管理的最优策略是基于参保者的特征和外部环境特征共同做出的最优选择，是动态的和异质性的。我们的研究将定量地给出最优策略受上述重要参数影响的情况，对参保者策略的选择有重要的借鉴意义和可操作性。

本书将分别对养老金积累阶段和领取阶段建立优化模型。通过对养老金的精算机制进行建模，建立可以准确表达养老金资金过程的连续时间随机方程。进而选择重要的控制变量和优化目标，将养老金管理问题转化为随机最优化问题。这里，目标函数的选择会影响到参保者的行为和最优策略的选择，因此，选取有经济意义的、符合参保者目标的优化目标是非常重要的。养老金管理中对风险的控制是非常重要的，传统的恒定相对风险厌恶（constant relative risk aversion，CRRA）模型仅考量收益获得效用，不是特别合适。我们的研究多选用二次偏差表达的成本函数，或者均值－方差（mean-variance，M－V）优化函数，以体现收益与风险的平衡。这是更为符合养老金参保者目标的效用函数，是非常有意义的。利用控制优化的相关理论和方法，将得到这类随机控制问题的解。

重要的是，养老金管理机构与养老金参保者之间形成了委托—代理关系，管理者在制定方案时可能存在一定的道德风险问题。例如，过分注重短期绩效；或者通过激进的投资实现收益，以获取比较高的管理费用；抑或管理者的能力有限，缺少有前瞻性的投资策略，等等。这些行为都在一定程度上损害了参保者的利益。如果缺乏准确的、有参考价值的外部基准，将无法评价管理者的运营绩效和工作能力。我们的研究可以为养老金参保者和管理者提供可供借鉴的资产配置和方案设计策略，为参保者提供养老金管理绩效基准，为养老金政策制定者提供重要的决策依据。

本书作者在清华大学梁宗霞教授的指导下，长期从事随机控制理论在保险领域的应用研究，博士阶段主要研究非寿险公司分红问题以及资产管理问题。作者近期的研究主要集中于 DC 型养老金的资金管理问题，取得了丰富的成果，有数篇论文发表于保险学和运筹学领域的重要期刊 *Insurance：Mathematics and Economics*，*Journal of Industrial and Management Optimization*，《中国管理科学》和《保险研究》。本书首次建立了多种复杂机制的 DC 型养老金的精算模型和随机优化模型，并对参保者养老金细分筹资模式选择、资产配置策略优化以及给付方案设计提出了重要的参考建议。

目　录

Contents

第1章　绪论 / 1

1.1　DC 型养老金管理概论 ……………………… 1

1.2　DC 型养老金管理现状 ……………………… 3

1.3　研究思路与结构 ……………………… 14

第2章　文献综述与方法介绍 / 18

2.1　文献综述 ……………………… 18

2.2　跨期资本配置模型与养老金管理 ……………………… 21

2.3　HJB 变分方法 ……………………… 26

2.4　蒙特卡罗模拟 ……………………… 29

第3章　典型模型介绍 / 31

3.1　积累期养老金管理模型 ……………………… 31

3.2　分配期养老金管理模型 ……………………… 36

3.3　带复杂约束的养老金管理模型 ……………………… 44

第4章　DC 型养老金积累阶段的管理问题研究 / 52

4.1　研究背景 ……………………… 52

4.2　DC 型养老金积累期模型 ……………………… 55

4.3　生命周期、风险偏好和长寿风险对策略的影响 ……………………… 58

第5章　与工资挂钩的养老金管理策略研究 / 66

5.1　研究背景 ……………………… 66

5.2　与工资挂钩的养老金积累模型 ……………………… 67

5.3　随机优化问题的解 ……………………… 71

5.4　经济意义分析 ································ 73

第6章　带有保费返还机制的养老金管理问题 / 81

6.1　研究背景 ································ 81
6.2　带有保费返还的养老金管理问题建模 ·········· 84
6.3　M－V 效用随机控制优化问题的解 ············ 88
6.4　经济意义分析 ································ 93

第7章　ELA 模式养老金分配阶段的管理问题 / 98

7.1　研究背景 ································ 98
7.2　ELA 模式养老金分配期模型 ················ 100
7.3　连续时间动态优化问题的解 ················ 105
7.4　经济意义分析 ································ 110

第8章　与购买力挂钩的养老金分配期管理问题研究 / 113

8.1　研究背景 ································ 113
8.2　DC 型养老金资产变动的连续时间精算模型 ······ 117
8.3　随机优化模型及其解析解 ················ 120
8.4　经济意义分析 ································ 124

第9章　DC 型养老金最优模式选择 / 134

9.1　研究背景 ································ 134
9.2　ELA 和 ELID 模式养老金管理问题建模 ·········· 136
9.3　随机控制优化问题的解 ················ 142
9.4　数值模拟分析 ································ 148

第10章　总结 / 160

10.1　研究内容总结 ································ 160
10.2　进一步的研究方向 ················ 163
10.3　后续研究计划 ································ 165

参考文献 ································ 169

第 *1* 章

绪 论

1.1　DC 型养老金管理概论

DC 型养老金为缴费确定、给付不确定的资金累积式养老金。在我国，企业年金和商业养老金均为 DC 型养老金，是我国养老保障体系的两个重要支柱。由于 DC 型养老金的机制设计灵活，当员工调换工作或者调整参保额度时，这种养老金机制极易完成相关转换。另外，DC 型养老金的管理者仅承担资金投资和管理责任，无约定给付责任，风险较小，又有客观的管理费收入，受到养老金管理者的欢迎。值得注意的是，DC 型养老金的参保者需要承担较大的投资风险和养老金给付不足风险。如何通过动态地配置资产和设计给付方案，以获得稳健、较高的养老金给付水平，是养老金管理者和参保者都关心的重要问题。

（1）养老金的投资渠道涵盖现金、固定收益类资产、权益类资产、固定资产和另类资产五大类。养老金管理者可以根据参保者的风险偏好、遗产动机、生命周期阶段以及健康状况，为其动态地进行资产配置。如上所述，养老金管理的控制优化问题是在默顿（Merton，1971）的多时期跨期资产配置模型下展开的。不同的是，养老金的预期给付是刚性的，需要满足参保者退休后的购买力需求，这些都需要在建模时加以考虑。近年来，商业养老金的投资回报率保持在 4%~7%，超过了通胀水平，但与发达国家的养老金投资收益率还有一定的差距。部分学者认为，这是由资金投资渠道的限制较窄造成的。笔者认为，我国现行的养老资金运用范围基本涵盖了全部发达国家的可投资渠道，并且，英国、美国养老金对股票、不动产类的投资也持谨慎态度，我国对相关渠道的最高投资比例限制并不会影响整体收益水平。因此，笔者认为，投资收益率较低主要是由养老金管理者未能从全局角度出发，制定动态的最优资产配置策略造成的。随着时间的推移，养老金计划将陆续进入给付期，其积累期的资金积累效应将更加充分地体现出来。因此，养老金管理者需要理论上的最优资产配置策略的参考，以在实际资金管理中有更好的绩效表现。

（2）DC 型养老金在领取方案设计上给予了参保者更大的灵活性。传统的 DC 型养老金在退休时即全部转换为生存年金，并按照相关的精算规律进行领取，这在防范参保者长寿风险和过度领取风险的同时，也损失了退休初期的投资收益，损害了养老金的增值能力。随着养老金管理手段的精细化以及投资者目标的异质化，参保者对灵活的给付方案提出了更高的要求。例如，参保者提出需要更为定制化的领取方案，可以自由选择的转换时间以及在退休期仍然被赋予权益类投资的权利，等等。目前，这些诉求都被设计于新型的养老金方案中。那么，如何在更宽泛的约束条件下，设计最优的领取方法以平滑退休后的资金需求和实现更高的养老效用，也是养老金参保者和管理者面临的重要课题。

（3）养老金管理的理论模型是在默顿的跨期资本配置框架下进行研究的。但是，由于养老金管理中的精算机制比较复杂，难以建模，多采取静态优化的方法进行研究。我们首次利用泰勒展开和伊藤公式，将离散的模型近似为连续时随机优化模型。该模型首次建立了个人账户养老金积累变化满足的随机微分方程，可以准确地表达生存者利益机制的精算原理。由于随机优化可以得到准确的解析形式解，这使得最优策略实现了更为明晰和直观的表达。此外，通过蒙特卡罗（Monte Carlo）模拟，研究了最优策略随生命周期的演化情况。这是非常有实操性和实际借鉴意义的结果。

本书从全局最优的角度出发，研究进一步提升养老金的投资能力和积累效果以及提升参保者养老效果的方法。本书的研究结论对养老金参保者的业绩参考，对管理者的策略选择，以及对政策制定者的决策依据均有重要的参考价值。

1.2　DC 型养老金管理现状

本节内容主要分为两部分。（1）介绍国外 DC 型年金的发展情况。其中，美国的 401K 计划、日本的企业年金以及智利的养老金计划，均通过有效的管理和投资增值为参保者提供了有保障的退休生活。这些经验都是我国 DC 型养老金管理者可以借鉴和学习的。（2）介绍我国 DC 型年金的发展情况。随着国家鼓励和支持政策的出台，企业年金和商业养老金在我国实现了长足发展，成为养老保障体系的两个重要支柱。如何通过有效的资产配置策略和方案设计提高养老金管理水平，是养老基金管理者面临的重要课题。

1.2.1　国外 DC 型养老金发展现状

国外的 DC 型养老金的主要形式为企业年金和商业养老金，也有部分国家的基础养老金系统是由 DC 型养老金模式提供的。许多发达国家企业年金发展程度领先于我国。以下分别以美国的 401K 计划、日本企业年金、澳大利亚超级年金和智利的养老金计划为例，分析其具有代表性的 DC 型养老金计划，以借鉴其优良经验，促进我国 DC 型养老金市场的发展（王瑞华，2015）。

1. 美国 401K 计划

美国 401K 计划是国际上实行企业年金制度较为成功的例子之一。美国的养老保障体系由三大支柱构成：基本社会保障、私营养老金计划和个人储蓄。401K 计划作为美国养老保险体系第二支柱的主要形式，已成为美国养老保险体系最重要的组成部分。401K 计划源自美国 1978 年《国内税收法》新增的第 401 条 K 项条款的规定，又称为"工资减持"计划。通常雇主在投资公司、保险公司或信托公司为雇员建立个人账户，雇员自愿将自己的部分工资存入该储蓄投资账户，并自主决定投资方式如购买股票或共同基金等。为了鼓励雇员参加 401K 计划，不少雇主会以 1∶0.5 的方式为雇员的个人账户投资，即雇员每缴纳 100 美元，雇主就相应为其缴纳 50 美元。雇员存入 401K 计划账户中的钱不计入应纳税的工资收入中，只有在提取账户资金时才缴税。

401K 计划有以下特点：（1）它属于 DC 型。雇员有更大的自由来控制自己的养老收益，其投资的方向完全由雇员本人决定。由于雇主也参与到该计划中，该计划明显优于个人盲目选择的个人储蓄养老保险。（2）政府在税收政策上给予该计划一定的支持。雇主和雇员的缴费只要在一定额度内都可以在税前扣除，与在职收入相比，雇员退休后领取的本金和投资收益所适用的税率会大大降低，这样雇员就从该计划中得到了真正的实惠。（3）雇主和雇员每年都可以根据情况对缴费额进行适当调整，也可以在任何时候停止缴费，当雇员离开公司时其账户可以转移。

由于 401K 计划在税收和基金的运作管理等方面所显现的优势，美国绝大多数大公司都为其雇员提供该计划，促使该计划得到迅速发展。

2. 日本的企业年金计划

日本传统的企业年金计划由三部分构成：厚生年金基金、税收合格年金和非合格年金。以上三种企业年金计划都属于 DB 型，但是，随着经济的波动以及人口老龄化日益严重，企业对于年金债务的压力也日益严重，亟待引入一种新的年金制度以缓解这一压力。2001 年，日本对原有的养老金体制进行了改革，通过了《确定缴费年金法案》，该法案因其是在借鉴美国 401K 计划的基础上建立的，因此也被称为"日本 401K 计划"。该法案的改革要点有：（1）实施 DC 型企业年金制度；（2）规定过渡期并允许设置企业型或个人型 DC 年金；（3）促进 DC 和 DB 混合企业年金计划的发展；（4）成立新的企业年金监管部门。

通过改革，日本已经建立了一套有效的人才激励机制。受改革企业年金制度的影响，雇员对于企业的认同感和忠诚度有了大幅提高。同时，日本企业年金基金对企业、整个国民经济的发展起到了聚集资本的作用，在很大程度上缓解了公共养老保障基础年金的财政压力。

3. 澳大利亚超级年金

澳大利亚超级年金是澳大利亚的积累性退休收入制度。1991年，澳大利亚通过《超级年金担保法案》对超级年金进行改革。改革后，澳大利亚超级年金取得了长足发展，其覆盖率迅速提高。澳大利亚有六类超级年金管理实体：零售基金、行业基金、公司基金、公共部门基金、小型基金和自我管理基金。其中，前四类为"大型基金"。零售基金面向所有雇员，其成员通过购买寿险代理商或投资顾问等中介机构提供的保单等方式来参加。行业基金最初通过职业协议来组织，主要面向本行业或几个联合行业雇主的雇员。2005年允许雇主选择基金后，该基金开始向行业外部分雇主开放。公司基金是由一个或一组相关雇主发起的基金，其成员为发起人雇主。公共部门基金发起人是政府机构或政府控股的企业。小型基金和自我管理基金包括审慎监管局监管的小于五名成员的小型基金和税务办公室监管的小型自我管理基金。

澳大利亚超级年金有三种类型：DB型、DC型和混合型，三类基金在市场中相互竞争。由于DC型基金制度简单、政策优惠较多、与市场化投资体制更吻合，在过去的20年里，超级年金具有从DB型向DC型转变的趋势。三类基金的比重分布对超级年金投资绩效和应对危机冲击能力也有一定的影响。

4. 智利私营养老金计划

1980年11月，智利政府颁布了养老金制度改革法案，即3500号法令。新制度自1981年5月起开始正式实施。其主要内容包括：（1）实行个人累积制。政府强制性规定所有用人单位的从业人员必须参加养老保险。每个雇员都必须建立个人账户，每月缴费以雇员工资10%的数额计入该账户，从而构成养老金的主要来源，雇主不承担任何费用。雇员可自由选择企业养老基金管理公司对个人账户进行管理，并且可以中途转换公司，退休金的多少取决于个人累积的存款数额，以及这些存款在资本化过程中的增值数额。（2）由私营公司管理运营养老保险基金。私营养老基金管理公司唯一的经营目标就是对养老金账户和资产进行投资管理。对于基金的投资，政府规定不能投资于所有的金融证券，投资活动仅限于法律规定的范围。对于投资于发行证券的机构，法律规定不能将全部的保险金额投资于某一证券上，其目的在于减少投资的风险。同时，政府成立了养老基金管理局，负责对各养老基金管理公司进行监管。（3）保证最低收益。对于个人账户积累不足的雇员，国家实行最低担保制度。同时，国家还规定了各养老基金管理公司的最低投资回报率和最低资本总量，以及最低的养老金给付水平。

1.2.2 我国 DC 型年金的发展现状

2015 年初我国开始推进新一轮的养老保险制度改革，进一步构建和完善多层次社会保障体系。2015 年内相关机关事业单位养老保险制度改革的政策发文频出。随着《国务院关于机关事业单位工作人员养老保险制度改革的决定》的出台，国家养老保障"双轨制"宣告结束，企业和机关事业单位将执行统一的基本养老保险制度，同时机关事业单位同步建立职业年金，与企业年金一样进行市场化的投资运作。职业年金建立之后，养老的第二支柱即将大规模扩容，职业年金基金运作模式与企业年金类似，均采用信托管理模式，基金运作过程中，受托人、投管人和托管人角色均由专业机构担当。

我国的 DC 型养老金的主要类型为企业年金和商业养老金。由于企业年金发展的时间比较长，积累规模较大，且相关的鼓励和支持政策比较完善，本部分主要结合企业年金的发展介绍 DC 型年金的发展和管理经验（孙祁祥、郑伟，2015；杨长汉、王瑞华，2015）。

从横向视角来看，企业年金在经济效益比较好的行业尤其是几个垄断行业发展迅速。企业年金基金累积超过亿元的几乎都集中于石油、石化、电力、电信等行业。同时，企业年金的发展在沿海发达省份要快于内陆落后的省份：北京、上海等大城市的企业年金规模早已达到百亿规模，而一些经济欠发达的内陆地区企业年金甚至还没有启动。此外，国有企业建立企业年金的比例要明显高于民营企业。

从纵向视角来看，企业年金作为我国养老体系第二支柱的重要组成部分，从 2005 年开始在全国范围内建立并市场化投资管理，发展势头良好。截至 2015 年底，已有 75 454 家企业建立了企业年金计划，参与职工数达 2 316.2 万人，基金累计规模达 9 525.5 亿元。

我国 DC 型年金目前进行长期投资运作的基金主要就是企业年金，采用市场化的投资运作方式，主要管理架构中有受托人、投管人、账管人和托管人。企业年金基金自 2007 年以来平均收益率为 8.09%，2012 年以来连续 4 年正收益。2015 年收益率为 9.88%，是 2008 年以来的最高值。具体企业年金基金收益率走势如图 1-1 所示。

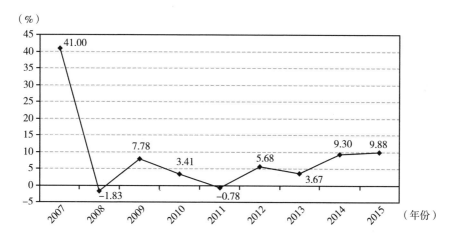

图 1-1　2007~2015 年我国企业年金投资收益率

资料来源：《全国企业年金基金业务数据摘要》。

根据劳动和社会保障部《企业年金基金管理试行办法》，企业年金基金在 2004 年至 2011 年初，投资范围为货币类不低于 20%，固定收益类不高于 50%，权益类不高于 30%。由于固定收益类不能高于 50%，投资管理人一般倾向于配满固定收益类。货币类收益有限，以持有 20% 的最低仓位为主。这种情况下，权益类的配置比例相对较大。这种资产配置会造成投资收益的较大波动。如 2007 年股市大涨的时候，企业年金收益率可以达到 41.00%；但在股市低迷的年份，投资收益就会较差，如 2008 年企业年金平均收益率为 -1.83%。

2011 年，人力资源和社会保障部《企业年金基金管理办法》出台，开始实行新的企业年金投资政策，上述问题得到了极大的改善。取消了国债

20% 最低投资比例的限制，货币类不低于 5%，固定收益类不高于 95%。2013 年人力资源和社会保障部联合银监会、证监会和保监会相继发布了《关于扩大企业年金基金投资范围的通知》《关于企业年金养老金产品有关问题的通知》，扩大了企业年金投资范围，放开了另类投资和养老金产品投资，战略资产配置开始发挥作用。允许企业年金投资合格的银行理财产品、信托计划、特定资产管理计划和股指期货，推行企业年金投资产品化，开展优先股和股权投资的试点，打开了企业年金投资"非标"产品的大门。

随着年金投资范围的扩大和投资产品的增加，战略资产配置的重要性和作用日益凸显。2012 ~ 2015 年，企业年金平均收益为 5.68%、3.67%、9.30% 和 9.88%，没有任何年度亏损，可以说企业年金投资实现了长期稳健增值的目标。

企业年金的税收优惠主要是针对企业所得税和个人所得税，而税收优惠主要在缴费、积累、领取三个环节展开。缴费环节主要涉及企业所得税和个人所得税，积累和领取环节主要涉及个人所得税。对这三个环节分别实行免税（E）或征税（T）的政策，可以组成 8 种不同的税收优惠模式：TTT、ETT、TET、TTE、EET、TEE、ETE、EEE。

2014 年以前，我国实行的是 TET 模式的税收政策，这种模式既有重复征税之弊，又有税负过重之嫌。企业年金的税收负担偏重，会打击企业建立企业年金的积极性，束缚企业年金管理机构扩展年金市场，进而影响国家完善养老体系制度的完善。为了促进企业年金的发展，财政部、人力资源和社会保障部、国家税务总局于 2013 年 12 月 6 日联合发布了《关于企业年金和职业年金个人所得税有关问题的通知》，规定自 2014 年 1 月 1 日起，企业年金个人所得税递延纳税优惠政策（EET 模式）正式实施。该政策的实施降低了企业年金的税收负担，节税效应明显，引导、加速了企业年金的发展，促进了我国养老体系制度的完善。

1.2.3　我国与部分国家养老金发展状况对比

（1）研究我国与美国的养老金三大支柱规模情况的差异。2015 年，中国与美国养老金三大支柱规模的对比情况如表 1 - 1 所示。

表 1 - 1　　　　　　2015 年中美养老金三大支柱规模比较

三大支柱	中国		美国	
	规模（万亿元）	占 GDP 比重（%）	规模（万亿美元）	占 GDP 比重（%）
第一支柱	5.5	8.0	2.8	17.3
第二支柱	1.0	1.4	15.0	92.6
第三支柱	2.0	2.9	7.4	45.7
GDP 总量	68.9		16.2	

资料来源：人力资源和社会保障部、全国社保基金理事会、保监会、国家统计局、毕马威分析。

由表 1 - 1 可知，无论是从绝对规模还是从相对 GDP 占比来看，中国养老金的各个支柱的数据都小于美国。中国养老金事业发展总体上来看与美国还有较大差距。

我国基本养老险在三大支柱中目前发展最好，但是，第二、第三支柱的发展仍处于非常低的水平。以私人养老金（第二、第三支柱）占 GDP 规模的比重来看，丹麦、荷兰、美国等欧美发达国家该比重都超过 100%，而中国只有 4%（见表 1 - 2）。

表 1 - 2　　　　　不同国家私人养老金占 GDP 规模比重

国家	私人养老金占 GDP 规模比重（%）
丹麦	209
荷兰	159
美国	140
澳大利亚	113
英国	96
瑞典	76
日本	30
中国	4

资料来源：OECD、国家统计局。

（2）对比第二支柱企业年金计划参与率方面的差异。企业年金计划参与率可分为企业参与率和职工参与率。企业参与率方面：德国是 64%，美国是 46%，捷克是 45%，匈牙利是 31%，芬兰是 8.7%，而中国只有

0.35%。职工参与率方面：美国职工（新入职）参与率为90%，英国职工参与率为59.2%；而在中国，企业年金参与人数为 2 316 万人，只占职工总数的 5.73%，与英美差距明显。

（3）将我国第三支柱商业养老保险与美国第三支柱个人退休账户在保险密度和深度两方面进行对比。我国第三支柱商业养老保险密度非常小，仅为 185.56 元/人；相比之下，美国第三支柱个人退休账户（IRA）的养老保险密度高达 1258.7 美元/人。我国第三支柱商业养老保险深度非常低，仅为 0.4%；而美国第三支柱个人退休账户的保险深度为 2.3%。我国第三支柱商业养老保险资产占 GDP 比重非常小，仅为 2.9%；同时，2015 年美国第三支柱个人退休账户资产为 7.4 万亿美元，占当年 GDP 的比重高达 45.7%。

1.2.4　DC 型养老金管理模式和投资策略

（1）以国外企业年金基金管理模式为例，介绍 DC 型养老金的管理模式和投资策略模式。国外企业年金基金管理模式可以分为三种：捆绑式、分拆式和联合式。具体来说，捆绑式是指企业选择一家专业机构为其提供一站式的服务，年金的计划设计、受托管理、账户管理、基金托管、投资管理等全部由该专业机构负责。这样的方式能够降低企业年金承担的费用，成本低，但是机构之间的相互制衡比较弱。分拆式则是选择多个专业机构来管理企业年金，不同的机构承担不同的职责，提供不同的服务。这样的好处是能发挥不同机构的专业优势，获得更多的竞争利益，但是运营成本和费用较高。"联合式"是介于前面两者之间的一种模式，即企业选择一个专业的机构联盟为企业年金基金提供服务。

基于制度约束和委托人的成本收益预期，企业年金的规模和成本因素成为国外企业选择管理模式的最重要因素。因此，在充分发挥专业分工的基础上，捆绑式和联合式成为国外企业年金基金管理模式的主流模式。

（2）介绍我国企业年金基金管理模式。按我国相关法律法规的要求，企业建立企业年金计划应采用图 1－2 所示的委托—受托模式。

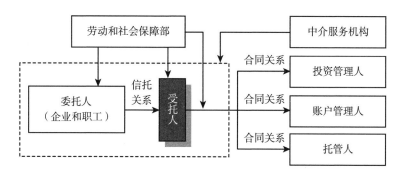

图1-2 我国的委托—受托型企业年金模式

我国《企业年金试行办法》第十五条规定："建立企业年金的企业，应当确定企业年金受托人，受托管理企业年金"，我国企业年金基金不能由企业和职工自行管理，必须交由受托人管理。设立企业年金的企业及其职工应作为委托人，与受托人签订书面的信托合同。受托人应与企业年金基金账户管理机构（即账户管理人）、企业年金基金托管机构（即托管人）和企业年金基金投资管理机构（即投资管理人）签订书面委托合同，由他们处理相关的业务。

《企业年金基金管理试行办法》第十条规定：受托人是指受托管理企业年金基金的企业年金理事会或符合国家规定的养老金公司等法人受托机构。据此，我国企业年金的管理模式可分为两大类：法人受托模式和理事会受托模式。

法人受托模式是指以符合国家规定的法人受托机构作为企业年金计划的受托人。理事会受托模式是指以企业年金理事会作为企业年金计划的受托人。企业年金理事会是指在发起设立企业年金计划的企业内部设立，依托年金计划存在，由企业代表和职工代表等人员组成的特定自然人集合。

（3）介绍企业年金基金的投资策略（杨长汉、王瑞华，2015）。目前，发展中国家正在进行经济体制改革，开放程度越来越高，产品和资本市场均要参与全球化的竞争，这些因素将对我国养老金体系的发展造成一定的影响。我国养老金体系中基本养老保险占比较高，为了促进我国养老第二支柱补充养老保险的快速发展，劳动和社会保障部于2004年颁布《企业年金试行办法》和《企业年金基金管理试行办法》，自此，我国开始从政策层面鼓励发展确定缴费型的企业年金；2011 年 5 月《企业年金基金管理办法》出台，正式明确了企业年金基金的投资范围。但目前企业年金基金投资政策对投资范围的限制仍较多，可配置的产品种类较少，投资收益处于较低水平。企业年金投资理念缺乏长期投资的观念，短期化行为严重。年轻员工风险承受能力较强，随着年龄的增长，承受风险的能力在逐渐下降，其风险偏好与自身年龄有很高的相关性。目前企业年金投资没有放开个人投资选择权，企业和个人缴费共同投资运作，企业所有员工企业年金的投资收益率都是一样的，没能体现出不同个人在年龄及风险承受能力方面的差异。而生命周期投资策略则可以体现出个人年龄变化所对应的资产配置策略的不同，固定收益类和权益类资产投资比例随着投资者年龄的增长动态调整，大类资产配置比例与个人风险偏好保持高度相关性。随着我国养老制度的改革，年金市场进一步发展完善，未来个人养老金账户放开，股票市场更加稳定，年金投资方法策略势必要随着一并改革发展，生命周期投资策略未来将成为我国年金基金投资较好的策略选择。

早在 20 世纪 50 年代和 60 年代初期，美国诺贝尔经济学奖获得者莫迪利亚尼（Modigliani）等人就对生命周期投资理论进行过系统的阐述，在消费者是理性的前提下，整个生命周期内家庭的总收入决定了家庭的消费决策，个人所处在生命周期的具体阶段直接影响个人当前的消费决策（Ando，A. and Modigliani，F.，1963）。

从 20 世纪 90 年代开始，美国开始兴起负债驱动资产组合管理模式，即将动态资产配置理论应用于个人养老金资产管理，通过分析劳动收入与股市之间的相关性以及当前消费水平、通胀水平等关键因素，再结合个人未来可能产生的消费支出，通过建立生命周期模型来指导个人养老金资产配置。传统资产配置过程中是以期末资产最大化为标准的，即以个人目前资产为基础，这种针对目标进行资产配置一般都是单时期的静态资产配置，这种资产配置方式的弊端有：个人未来劳动收入的贴现值所形成的当期人力资产没有在当期劳动收入资产中体现，而且现在以及未来的个人某些负债也需要由当期资产来给付。影响个人负债的因素主要是会对资产组合管理产生扰动效应的某些市场风险，如利率风险、汇率风险、股市风险和商品价格风险等。由于这种静态资产配置重点考虑当期，考虑影响资产配置的要素较少，因此，不能形成个人整个一生较为完善的资产配置方案。而生命周期理论中动态资产配置是以个人的生命周期特征为重要依据，兼顾个人整个生命历程中不同时间的不同风险偏好、个人劳动收入积累以及未来可能发生的家庭开销支出和资产负债等因素。静态资产配置与动态资产配置的最大区别在于，动态资产配置的决策目标是通过对资产进行科学的大类资产动态配比来寻求个人一生消费的效用最大化。动态资产配置根据不同时间周期考虑更多的影响要素，这种动态配置更具有科学性、严谨性、参考性和前瞻性。

发展多年以来，生命周期动态资产配置理论已经取得了长足的发展与进步，目前已经成为养老金基金投资管理与现代资产组合管理理论的桥梁，构成连接这两个理论体系的关键内容。从 20 世纪 90 年代开始，美国社会老年人在总人口中的占比持续上升，美国社会老龄化现象开始加剧，为了更好地应对社会老龄化，美国的养老金计划开始更多的由 DB 计划向 DC 计划转化，在此期间生命周期基金（life cycle fund）产品应运而生，后期获得蓬勃发展，尤其在 2002 年以后，生命周期基金的发展速度明显提升，基金资产管理规模年化增长幅度一直维持较高水平，由于其便捷的操作和较好的风险收益而获得市场认可。从 2002 年底的 150 亿美元，经过近 10 年的迅猛发展，到 2013 年美国的生命周期基金规模已发展到 6 180 亿美元，10 年时间增长了近 41 倍，年均复合增长率超过 50%。生命周期基金是一种特殊的配置型基金，该基金的投资目标结束期限一般就是个人的退休年限，为了降低投资者所面对的市场风险，随着目标期限的临近，基金大类资产配置中权益类资产的投资比重逐渐降低，在与投资者所处生命周期不同阶段所能承受的风险大小相适应的前提下，产品通过动态调整权益类资产与其他资产的配比，达到基金资产收益最大化的目标。在美国，企业年金 401K 计划将生命周期基金作为合格默认的投资备选产品，如果进入计划的投资者自身没有明确的投资产品选择倾向，雇主会将生命周期基金产品推荐给投资者。目前，我国生命周期基金产品不多，随着我国养老金市场改革的推进、资本市场进一步的发展完善以及养老金个人退休账户的放开，生命周期基金将成为我国养老金市场一个重要的投资产品，生命周期理论也将随之在中国养老金市场获得长远发展。

1.3 研究思路与结构

DC 型养老金是社会养老保障体系的重要组成部分。随着我国人口老龄化的加剧以及基本养老金替代率的降低，DC 型养老金将成为基本养老保险的重要补充，并将发挥愈加重要的作用。因此，大力发展 DC 型养老金，并寻找有效的措施提升养老金的投资收益已经迫在眉睫。

养老金主要分为 DC 型和 DB 型两种模式。DC 型模式为缴费确定、给付不确定的养老金模式。即工作期缴纳确定金额的保险费，个人账户资金的变动受到投资收益、生存者利益的影响，最后领取的养老金是不确定的。当投资收益较高，早亡者超出精算预期时，存活者个人账户积累的养老金较多，可以获得更高的养老金给付。相反，当投资收益较低，早亡者低于精算预期时，存活者个人账户由于投资不利和生存者利益分到的资金较少，只能领取较低的养老金。对于 DC 型养老金，养老效用的不确定性风险由投保人承担。养老金管理者仅承担资金投资管理，制定分配方案的职能。DC 型养老金的参保者与管理者之间实际形成了委托—代理关系。养老金管理者应该将实现参保者养老效用的最大化作为运营目标。这一方面为提高养老金给付的额度，使之能够维持购买力水平的要求；另一方面为保持养老金给付的稳健性，使得财富在生命周期中做很好的平滑。DC 型养老金管理者的盈利模式为收取管理费。因此，其应该为参保者提供专业的投资管理和养老金方案设计，以实现更高的养老效用，从而吸引更多的参保者，积累更大规模的养老金，以获得更高的养老金管理费收入。本书集中于 DC 型养老金管理者的最优资产配置方案与分配方案设计问题。

（1）研究在养老金积累阶段的资产配置问题。在积累阶段，养老金管理者主要控制的策略为资产配置方案。养老金的缴费期长达数十年，跨越参保者整个工作时期，因此，使养老金稳健增值以应对通货膨胀对养老金资金价值的侵蚀，是管理者的重要目标。为了简化模型，将可投资资产限定为无风险资产和有风险资产两类。养老金管理者通过动态地进行两类资产的配置，实现养老金最大的积累效果。传统研究一般将养老金总积累额的 CRRA 或者 CARA（constant absolute risk aversion，恒定绝对风险厌恶）效用最大化作为优化目标。事实上，该优化目标过多关注收益的维度，对风险的约束不足。本部分，我们将最小化实际积累额与预期积累额二次偏差的最小化作为优化目标。该模型兼顾了风险与收益的平衡，符合养老金管理中对安全性、流动性和收益性的要求，是非常符合实际的。

（2）我们对上述问题进行了拓展。根据实践经验，静态的养老金给付是不够理想的给付模式。在参保者退休后，其主要的生活来源即为养老金。因此，动态的、能够满足购买力要求的养老金给付是比较理想的。在上述模型中，我们将预期积累额设定为与现行工资相挂钩的积累水平，成功地解决了养老金给付需要满足购买力需求的问题。由于养老金的积累期长达数十年，工资水平对其复合增长率变化是非常敏感的，因此，需要准确地模拟工资变化的趋势。本部分的研究将建立工资变动满足的随机微分方程，并解决预期积累水平与退休工资相挂钩的养老金管理策略。通过蒙特卡罗模拟，我们将研究缴费比例、风险偏好以及生命周期阶段等重要因素对资产配置策略的影响。

（3）为了保障早亡者的经济利益，养老金通常包含保费返还条款。即参保者至少可以领取前期所有缴纳的保费，或者是缴纳保费按照一定利率累积的值。保费返还机制会影响生存者账户余额的变化，从而影响其养老金的给付。本部分的研究对保费返还机制的精算原理进行建模，并通过泰勒展开、伊藤公式以及相关逼近定理进行近似，得到相关的随机优化模型。为了同时考虑风险与收益的要求，我们选用积累期结束账户余额的 M – V 效用进行研究。M – V 效用兼顾了养老金管理中对风险和收益的要求，非常符合实际的优化目标。本部分主要研究管理层如何制定合适的资产配置策略，以实现期末账户余额的 M – V 效用最大化。

（4）研究 DC 型养老金在给付期的最优资产配置和给付方案问题。原始的养老金产品在退休时即转换为生存年金产品，以防范长寿风险和养老金余额被过度支取的问题。随着养老金市场的发展，更多的参保者提出在退休后一段时间继续进行资本市场投资的要求，并尽可能延迟转换时间。为了满足参保者要求和增强养老金积累效果，DC 型养老金的参保者在退休后的一段时间可以自主进行资产配置，在较高年龄时才需要强制转换为生存年金。这种改革给予参保者更多的灵活性，同时也对养老金管理者提出了更高的要求。为了防止参保者任意地过度支取养老金，养老金政策规定了若干种支取的精算模式。例如，PLA（purchsed life annuity，普通年金）模式，ELA 模式等。PLA 模式，即当养老金给付期开始时，所有的资金不再投向资本市场，而是立刻年金化，每期的给付按照生存年金精算公式计算出的结果进行。ELA 模式，即当养老金给付期开始时，继续向资本市场投资，以获得资产的增值。同时，每期的给付水平为按照假设本期进行年金化计算出的额度进行给付。本部分，我们将研究在 ELA 模式下，养老金管理者和参保者如何通过有效的资产配置，实现最大的效用。

（5）研究 DC 型养老金在给付阶段的方案设计问题。如上所述，资产配置策略是养老金管理者控制的主要变量。实际上，随着养老金管理灵活性的不断增强，参保者在领取方案设计层面也被赋予了更大的灵活度。参保者可以自主选择在不同时间的领取额度，以实现养老效用的最大化。在这种模式下，给付额度不受任何限制，只受到同行业绩比较的约束。相应地，给付策略也成为参保者重要的控制变量。由于给付方案是一种控制策略，无疑可以实现比上述固定模式更高的养老效果。当然，自由控制给付方案的模型中可能存在早期养老金分配过度，导致后期养老金给付不足的情况。这需要管理者做好风险控制，在优化目标中增加对后期养老金给付情况的权重，以获得更有效的管理策略。对于分配期养老金管理的优化目标，一般选用参保者养老效果的最大化。根据实证研究结果，养老金参保者主要的目标为最大化养老金给付和稳定的、保证购买力水平的养老金给付。在本部分，我们通过实证经验建立养老金给付中枢，这是预期给付的最优的养老金水平。进而，将实际养老金给付与预期给付中枢的二次偏差的最小化作为优化目标。实际中，参保者偏好高于给付中枢的实际给付，而厌恶低于预期中枢的给付，因此，也可以增加实际给付与预期给付中枢的一次偏差，体现参保者的偏好。

同样地，养老金给付主要是为了满足参保者在退休后的购买力需求。因此，将预期给付中枢设计为与购买相挂钩的指数型目标是比较理想的。我们通过对工资变动水平进行建模，并保持工资替代率不变，形成了有实际意义的预期中枢。本部分的研究集中于在满足购买力要求的优化目标下，最优的资产配置策略和给付方案。

（6）DC 型养老金在具体的筹资模式、精算模型和领取方式上存在多种细分模式，适合不同的参保者。我们需要从更宏观的角度研究如何为异质特征的参保者选择最优的细分模式，并在该模式下选择最优资产配置策略。同时，作为养老金政策的制定者，也需要了解通过有效的政策设计提升参保者福利的途径。

ELA 和 ELID 是两种重要的 DC 型养老金细分类型。前者的特点为生存的参保者可以获得早亡者的账户养老金作为生存者利益，同时不存在遗产。而 ELID 型养老金模式下则不存在生存者利益，但是参保者在死亡时可以将账户养老金作为遗产。带有异质的健康状况和遗产动机的参保者对以上两种细分的养老金模型的偏好程度显然是不同的。同时，两种养老金模式下的投资策略和领取方案也应该存在较大的差异。本部分，我们研究细分类型的 DC 型养老金的模式选择和最优策略制定问题。该问题的解决可以帮助参保者获得更大的养老效用。

养老金资金管理问题可以转化为上述随机最优控制问题，我们将利用变分方法构造最优解满足的 HJB 方程。该方程的解将优于控制问题的最优解。接下来，建立 HJB 方程的解。一方面，要解决复杂的偏微分方程求解问题，并满足相关的边界条件；另一方面，此构造性解也是最优策略的具体表达，要密切遵循相关的经济学规律。在该策略下，能够实现的最优化函数恰好为上述 HJB 方程的解。由此，该策略和 HJB 方程的解即为最优资金管理策略和最优化函数。进而，通过蒙特卡罗模拟，研究重要的参数对最优策略和参保者效用的影响。

本书的研究可以为养老金做长期资产配置方案提供参考，这可以避免资金管理者的短视行为，从全局角度选取最佳投资方案；还可以为资金委托者提供业绩监管基准，即参保者可以根据理论结果，评估养老金管理者的资金配置方案和分配方案设计的有效性；也可为监管机构提供监督依据。

第 2 章

文献综述与方法介绍

2.1　文献综述

　　养老金的管理策略问题是在默顿（Merton，1971）跨期最优资产配置问题框架下展开的。经济学家对于理性的风险厌恶投资者投资行为的研究由来已久，针对他们在不同年龄段将资产投资于有风险和无风险资产比例的研究已经较为深入和全面。萨缪尔森（Samuelson，1969）采用连续时间下的金融学方法和理论，将个人投资所面临的环境与阿罗－德布鲁（Arrow-Debreu）不确定性情况联系起来。通过将动态随机规划方法运用于马科维茨（Markowitz，1952）均值方差理论的基础上，建立起多个期间的资产配置投资模型。由于模型可以横跨多个资产配置区间，可以对理性的风险厌恶投资者整个生命周期内的消费和资产配置找出最优分配策略。年轻的投资者承受风险的能力较强，应该投资风险资产的比例较大，因为他们距离投资目标期限时间较长，有更多的时间去调整投资策略，进而平衡资产在自身整个生命周期内的收益。默顿（1969）也得出类似的结论，该理论为生命周期投资模型的理论框架。默顿的生命周期资产配置模型考虑了消费因素的连续时间模型，并在此基础上提出了新的生命周期模型基本假设。

　　博迪、默顿和萨缪尔森（Bodie，Merton and Samuelson，1989）率先将劳动收入和人力资本两个因素引入生命周期模型中，在生命周期模型研究方面取得重大进展。通过在模型中加入劳动与休闲时间的分配，分析这两个因素对投资者整个生命周期内消费选择与资产组合配置的影响。分析结果显示，随着投资者退休年龄的增大，其资产组合配置中风险资产的配置比例逐渐降低，这与生命周期资产配置理论相符。科科、戈梅斯和门豪特（Cocco, Gomes and Maenhout, 2005）研究了包含借款限制和人力资本的生命周期模型。通过研究发现，投资者整个生命周期内的资产配置中劳动收入图形的形状决定了风险资产的最优投资比例。生命周期内风险资产的最优投资比例图像呈现两端低、中间高的形状。

生命周期资产配置理论针对个体投资者而言，有行为金融理论和传统金融理论两种不同的观点。个体投资者服从 CRRA 效用是传统金融理论中很重要的观点，即随着投资者年龄的增长，其投资于风险资产的资金在资产配置中的占比是逐渐下降的。但现实数据资料表明，个体投资者在其生命周期内投资于风险资产的资金占所有资产配置的比例却呈现"倒 U 型"，这种情况是传统金融理论无法解释说明的。

在连续时间资产配置问题的研究框架下，本部分将研究 DC 型养老金的最优资产配置和给付方案设计方案问题。DC 模式下，在积累期定期缴纳一定费用，积累于个人账户进行投资，退休后的分配期可逐年支取养老金。支取的额度是不确定的，其与积累期的投资效果和分配期的给付方案有关。保险公司为投保者管理养老金，其盈利来源于管理费用。因此，养老金管理者的目标是为参保者提供稳健、能保持购买力水平的养老金给付，以吸引更多的参保者，从而收取更多的管理费用。本部分的研究将动态选取在固定收益类资产和权益类资产上的配置比例，以及分配期的给付方案，以实现参保者退休期最优的养老效果。

DC 型养老金的资产配置方案问题是实务界和理论界都关注的重要问题。许多研究文献在这方面有贡献。凯恩斯（Cairns, 2000）、巴托基奥和梅农辛（Battocchio and Menoncin, 2004）研究了 DC 型养老金管理中连续时间的随机最优控制问题。布利耶、黄和泰拉德（Boulier, Huang and Tailard, 2001）研究了随机利率条件下 DC 型养老金的最优资产配置问题。哈伯曼和维尼亚（Haberman and Vigna, 2002）研究了养老金的最优资产配置和风险测度问题。韩和洪（Han and Hung, 2012）首次研究了在随机利率和通货膨胀率条件下，连续时间的养老金最优资产配置模型。本书将风险资产和非风险资产的配置比例作为重要的控制变量，研究养老金管理中的控制优化问题。

考虑到目标函数的形式，主要有两类常用的效用函数。一类为最大化积累期末的账户余额；另一类为在积累期末账户的积累额与波动性间寻找平衡，即最大化账户积累额的同时，最小化积累额的波动性。前一类目标函数包含三种效用函数：CRRA 效用函数、CARA 效用函数和二次损失函数。研究 CRRA 效用的文献有凯恩斯、布莱克和多德（Cairns, Blake and Dowd，2006），以及高（Gao，2008）。他们的研究选择了幂次和对数效用作为目标函数。研究 CARA 效用函数的文献有德沃尔代、博施和多明格斯（Devolder, Bosch and Dominguez，2003），以及巴托基奥和梅农辛（2004）。他们选择指数效用作为目标函数。此外，还存在一些不常使用的目标函数。哈伯曼和维尼亚（2002）研究了最小化二次损失函数的情况。在 DC 型养老金的积累阶段，后一种目标函数主要包括 M－V 效用和 VaR（value at risk，在险价值）模型。M－V 效用是从马科维茨（1952，1987）的投资组合理论起源的，讨论了在收益—风险二维效用下的单期的最优资产配置问题。理查森（Richardson，1989）、巴热－贝奈努和波泰特（Bajeux-Besnainou and Portait，1998），以及周和李（Zhou and Li，2000），将上述单期的 M－V 问题拓展至连续时间模型，并获得了有效边界的形式。维尼亚（2009）比较了 CARA、CRRA 和 M－V 效用下的最优策略在 M－V 意义下的有效性。研究 VaR 模型等同于在保证最小账户积累额的条件下，最大化积累期末的账户积累额。在本书中，参保者的目标为最大化积累期结束时的账户余额，同时最小化余额的波动性。我们选择 M－V 效用作为效用函数来描述对风险与收益的平衡。问题将转化为连续时间的最优随机控制问题。养老金的管理者需要选择合适的投资策略，即在固定收益类资产和权益类资产上的配置比例，来实现参保者退休时的 M－V 效用的最大化。

本书的一个重要创新为建立了 DC 型养老金个人账户积累额变化精算机制的随机模型，以此为基础，研究 DC 型养老金的最优投资给付策略问题。其中，最复杂的为生存利益因素对养老金积累额的影响，即生存的参保者可以分享早亡者的养老金账户余额。凯恩斯、布莱克和多德（2006）以及米列夫斯基和罗宾逊（Milevsky and Robinson，2000）将上述精算规律建立到离散的 DC 型养老金管理模型中。借鉴这些论文的重要思想，我们将生存者利益的精算规律建立到连续时间的养老金管理模型中。

值得注意的是，DC 型养老金的分配方案存在几种细分的固定模式。养老金参保者如何选择适合个人特征的细分模式，并在相应的模式下选择最优的控制策略，是非常重要的问题。在 PLA 模式中，当参保者到达退休年龄时，个人账户余额立即年金化，并按照生存年金的精算原则逐年进行领取。在 PLA 模式中，由于按照生存年金的方式进行给付，不存在遗产的问题，也不涉及资产配置的问题。实际上，只有非常少的人选择 PLA 模式养老金。根据弗里德曼和沃肖斯基（Friedman and Warshawsky，1990），布莱克、凯恩斯和多德（2003）以及杰勒德（Gerrard，2004）的研究，资产配置策略在提供保持购买力水平的养老金给付中发挥了重要作用。伯恩海姆（Bernheim，1991）的研究表明，许多养老金参保者，特别是健康状况不佳的人，是存在遗产动机的。因此，ELA 模式和 ELID 模式在养老金市场中更受欢迎。在 ELA 模式中，资产一直可以用于固定收益类和权益类资产的投资，同时通过特定的精算规则向参保者进行给付。在 ELID 模式中，基本的规则与 ELA 模式类似，但是生存的参保者不会获得生存者利益，并且在死亡时可以获得账户余额作为遗产。易见，如何制定动态的资产配置策略以实现更高的养老效果，是养老金资金管理者面临的主要挑战。

在本书中，个人账户的资产变动受到实际给付金额、生存者利益以及投资收益的影响，这使建立的随机控制优化模型更为复杂。养老金管理者的优化目标为实际给付与预期给付中枢的二次偏差的最小化。利用动态优化的相关方法和 HJB 理论，我们给出了此类连续时间最优资产配置问题的最优解，以及相应的在固定收益类资产和权益类资产上的配置比例和给付方案。

2.2　跨期资本配置模型与养老金管理

连续时间的跨期最优消费和投资决策问题，是研究如何在多个时期选择最优的资产配置策略和消费水平的控制优化问题。对于该类问题的解决，主要有 HJB 变分方法以及鞅方法。

在连续时间模型下，变分方法对于没有特殊约束条件的随机优化问题的求解是非常方便的。（1）找到最优消费和最优资产配置策略的反馈函数的形式。（2）将该形式代入资产过程满足的随机微分方程。虽然无法确切得到该方程解的形式，利翁和斯尼特曼（Lions and Sznitman，1984）的结果保证了该随机微分方程解的问题性。（3）同时得到最优策略和最优函数。本书的研究模型中，对养老金管理的其他约束较少。因此，可以通过 HJB 变分方法和极大值原理很好地解决。

对于鞅方法，其经济意义为基于完备市场假定和无套利原则。在数学上借助于鞅过程的良好性质以及随机积分理论，解决带有复杂约束的随机控制优化问题。但是，在不完备市场的条件下，鞅方法很难发挥作用。

多时期的跨期资本配置问题是理论界关注的重要问题。跨期最优资产配置和消费问题的解决，也是研究生命周期理论如何影响理性人行为的重要基础。萨缪尔森（1969）采用不间断时间下的金融学方法和理论，将自身投资所面临的实际情况与阿罗－德布鲁不确定性情况联系起来，建立起多个期间的资产配置投资模型。结果表明，年轻的投资者承受风险的能力较强，应该投资风险资产的比例较大，因为他们距投资目标期限时间较长，有更多的时间去调整投资策略，进而平衡资产在自身整个生命周期内的收益。默顿（1969）也得出了与萨缪尔森（1969）研究结果类似的结论，其结论基于投资者整个一生的动态最优化理论框架。默顿（1969）的生命周期资产配置模型考虑了消费因素并且建立在连续时间上，与萨缪尔森（1969）研究的不同之处在于，默顿（1969）定义了效用函数，并在此基础上提出了新的生命周期模型基本假设。

接下来，介绍连续时间的最优资产配置和最优消费模型。该模型是养老金管理问题建模和求解的重要基础。

模型假设消费和投资发生在无限小的时间间隔内，即连续进行。在整个生命周期中，投资者可以进行风险投资和无风险投资。无风险资产和风险资产的价格变动满足以下随机微分方程：

$$\frac{\mathrm{d}S_0(t)}{S_0(t)} = r\mathrm{d}t$$

$$\frac{dS_1(t)}{S_1(t)} = \mu dt + \sigma dB(t)$$

其中，r 为无风险收益率；μ、σ 分别为风险资产的预期收益率和波动率；$B(t)$ 为标准布朗运动。

投资者通过动态地控制在两种资产上的配置比例 $\pi(t)$ 以及消费过程 $C(t)$，来获取终身效用的最大化。

此外，在人的生命周期中，假设存在一定的初始禀赋 W_0。由此假设，资产过程满足以下随机微分方程：

$$dW(t) = \pi(t)W(t)\frac{dS_1(t)}{S_1(t)} + (1 - \pi(t))W(t)\frac{dS_0(t)}{S_0(t)} - C(t)dt$$
$$= \{[(\mu - r)\pi(t) + r]W(t) - C(t)\}dt + \sigma\pi(t)W(t)dB(t)$$

对于目标函数，效用主要产生于消费过程以及终端的资产水平。因此，设定效用函数有如下形式：

$$V(c, \pi, w) = \max_{c, \pi \in \Pi} E\{\int_0^T e^{-\rho t}U_1(C(t))dt + e^{-\rho T}U_2(W(T))\}$$

其中，Π 为可容许的策略集合；ρ 为贴现率；U_1、U_2 分别为消费过程和终端资产产生的效用函数。

此外，策略过程要满足非负的要求，即 $C(t) \geq 0, W(t) > 0$。至此，生命周期的资产配置与消费问题转化为随机控制优化问题。由于该类问题不存在特殊的约束，可以利用 HJB 变分方法顺利求解。在效用函数的形式较好时，可以得到解析形式的解，为其经济含义的定性研究提供了诸多便利。具体的 HJB 方法的应用，将在第 2.3 节进行阐述。本书的养老金管理问题将在上述生命周期资产配置问题框架下展开。

本书主要以养老金管理为例，研究寿险公司的资金管理问题。养老金产品为重要的人身保险产品，是寿险公司主要经营的业务种类。养老金主要分为 DB 和 DC 两种模式。DB 型养老金为缴费不确定、给付确定模式的养老金计划。参保者在工作期持续缴纳养老保险费用，资金管理人在资本市场进行资产配置，以实现资产的增值。其中潜在的投资失利造成的积累不足以满足承诺给付的风险由保险公司承担。在 DB 型养老金模式中，资金管理人既要选择高收益的投资品以抵御通货膨胀，实现资产的增值；又要控制风险，防止资产价格波动过大造成的资产损失。这对养老金资金运用管理者提出了很大的挑战。

DC 型养老金为缴费确定、给付不确定的养老金计划。同样地，参保者在工作期定期缴纳养老保险费用，委托资金管理者在固定收益类资产和权益类资产上进行投资，以实现增值。其给付的具体额度与退休期账户的积累情况正相关。在 DC 型养老金管理模式中，投资不利造成的资产减值风险是由参保者自己承担的。因此，参保者与资金管理者形成了委托—代理关系。资金管理者应该将为参保者实现最高的养老效用作为管理目标。

DC 型养老金的管理主要分为积累期和给付期两个阶段。一般地，参保者在退休前定期向账户进行缴费。在缴费期，参保者账户资金变动情况受到以下三个因素的影响：缴费额、对早亡者的保费返还机制以及投资收益。在连续时间模型中，缴费额一般为时间变动的固定比例。由于养老金计划长达数十年，可能有些参保者在缴费期死亡，享受不到养老金给付，为了保护这部分早亡者的利益，养老金计划多带有最低收益条款，即保费返还机制。这可能是返还已缴保费，或者按照约定利率计算的保费累积额，等等。由于早亡者的承诺返还保费与其账户的实际积累额有差距，这部分差距将在所有生存者账户中平均分配。因此，保费的返还机制会影响生存者账户的积累值。这部分影响将通过精算建模反映在养老金账户的变动中。投资收益是影响养老金账户积累值的最重要因素。投资收益是标的资产价格变动以及资产类别配置比例的综合效果。因此，如何动态地选择在固定收益类资产和权益类资产上的配置比例，是养老金管理者面临的重要课题。资产配置比例是模型的重要控制变量。

在积累阶段，资金管理者的目标为实现期末参保者的效用最大化。一般地，选取缴费期末的账户资金积累额最大化作为优化目标。出于兼顾风险与收益的考虑，参考马科维茨的收益—方差二维效用，也可将期末余额的 M – V 效用作为优化目标。这些都非常贴近市场现实，符合参保者利益的优化目标，有重要的理论和实务价值。

在给付阶段，养老金账户金额会受到以下三个因素的影响：投资收益、生存者利益以及给付方案。前面两个因素与积累期的情况相同，这里不做赘述。养老金给付方案是资金管理者可控的策略变量。养老金的给付方案将直接影响参保者养老效果的实现，是资金管理者重要的控制变量。在实际中，部分养老金计划设立初期即规定了养老金的给付模式。例如，ELA 类型的养老金，每期给付的额度为账户积累值除以精算期望的生存年限。一方面，本书选取了这种类型的养老金，将给付方案作为确定方式进行研究，在此模型中，给付规律通过精算建模反映在变动方程中；另一方面，本书也将给付方案作为控制变量进行研究，即将每期的给付额度作为控制策略进行建模，以期得到最优的养老金给付过程。

在给付阶段，资金管理者的目标为最大化参保者的养老效用。与传统财富管理追求收益最大化的管理目标不同，养老金参保者希望在退休后获得稳健的养老金收入，以满足生活和消费的需要，因此，长期、稳定地满足购买力需求的给付模式是最优的选择。在模型中，先设定养老金给付中枢，这是理想的最优给付额度。给付中枢一般通过社会平均工资乘以预期的养老金替代率得到。养老金管理者的目标是设计最优的资产配置和给付方案，使得实际给付与预期给付中枢的二次偏差最小化。事实上，养老金参保者厌恶低于预期中枢的给付，且偏好高于预期给付中枢的实际给付。因此，可以通过在优化函数中添加偏差的一次项来表达对正向偏差的偏好。此外，现有的研究成果中也有采用 CRRA 和 CARA 等效用最大化作为优化目标的，这类目标只考虑到收益性，对稳健性的要求考虑不足。本书主要将养老金参保者获得稳健的、能保证购买力要求的养老金给付作为优化目标，这是非常有实际意义和理论价值的模型，结果对理论和实务都有贡献。

本书将对养老金管理问题进行建模，建立的模型将尽可能地符合市场现实，遵循经济学规律。（1）选取有意义的控制变量，特别是资产配置策略，作为管理层的优化控制变量。（2）建立有经济含义的优化目标。通过对模型做简化和数学处理，研究的问题将转化为连续时间的随机控制优化问题。利用控制优化的相关理论和方法，将得到这两类随机控制问题的解。（3）得到最优的控制策略，以及能够实现的最优绩效。本书结论可以为资金管理者提供投资方案建议，为资金委托者提供参考基准，为保险监管者提供监督标准。

2.3　HJB 变分方法

在本节中，将介绍用于解决无约束随机控制优化问题的经典方法：HJB 变分方法。其中，综合运用了伊藤公式、极大值原理等经典的随机分析理论。这里，参考 HJB 模型的提出进行介绍。

动态规划的研究方法是 20 世纪 40 年代末提出的。贝尔曼（Bellman，1957）认为动态决策问题可以看作一系列静态规划问题的汇总，并将最优化原则阐述为，"一个最优策略有如下特征，即无论初始状态和初始决策如何，余下决策在考虑到第一个决策导致的状态的影响下，都必须是最优的策略"。

将贝尔曼原理应用到随机最优化的模型中，有以下结果成立。以下模型参考了邵宇（2008）的著作。考虑有如下资产过程的随机优化问题。

$$\mathrm{d}Z(t) = \alpha\big[Z(t), u(t)\big]\mathrm{d}t + \sigma\big[Z(t), u(t)\big]\mathrm{d}B(t) \tag{2.1}$$

其中，$Z(t)$ 为资产过程；$u(t)$ 为控制策略；$B(t)$ 为标准的布朗运动。优化函数为：

$$V(Z(t), t, T) = \max_u E_t \int_t^T U\big[Z(s), u(s)\big]\mathrm{d}s$$

其中，U 为效用函数。利用贝尔曼原理，解决上述控制优化问题。根据贝尔曼原理，以下关系成立：

$$V\big[Z(t), t, T\big] = \max E_t \left\{ \int_t^{t+\Delta t} U(Z, u)\mathrm{d}s + \max E_{t+\Delta t} \int_{t+\Delta t}^T U(Z, u)\mathrm{d}s \right\}$$

$$= \max E_t \left\{ \int_t^{t+\Delta t} U(Z, u)\mathrm{d}s + V(Z(t+\Delta t), t+\Delta t, T) \right\}$$

假定 $V\big[Z(t), t, T\big]$ 连续可微，通过泰勒级数展开，得到：

$$V\big[Z(t), t, T\big] = \max E_t \Big\{ U\big[Z(t), u(t)\big]\Delta t + V\big[Z(t), t, T\big] + V_Z \Delta Z$$

$$+ V_t \Delta t + \frac{1}{2}V_{ZZ}(\Delta Z)^2 + V_{Zt}(\Delta Z)(\Delta t) + \frac{1}{2}V_u(\Delta t)^2 + o(\Delta t) \Big\}$$

将资产过程的离散差分形式代入，并舍去 Δt 的高阶无穷小项，得到：

$$0 = \max E_t \left\{ U(Z, u) \Delta t + \left(V_z \alpha + V_t + \frac{1}{2} V_{zz} \sigma^2 \right) \Delta t + V_z \sigma \Delta B(t) \right\}$$

将上式括号中各项求期望，并同时除以 Δt，并令 $\Delta t \to 0$，得到以下 HJB 方程：

$$0 = \max \left[U(Z, u) + V_z \alpha + V_t + \frac{1}{2} V_{zz} \sigma^2 \right] \tag{2.2}$$

至此，随机控制优化问题的解转化为 HJB 方程的求解问题。转换后的 HJB 方程优化问题为一个确定性的线性规划问题，可以利用一般的优化方法进行求解。将公式（2.2）关于控制策略求导，并令导数等于零，即可得到最优策略的最优反馈函数。将最优反馈函数代入资产过程（2.1）可得到最优策略和最优回报函数。其中，最优策略和最优回报函数是相互唯一确定的。需要说明的是，HJB 方程的解并不是唯一的，需要构造出来的值函数与策略相匹配的结果即为最优函数与最优策略。HJB 方程解的构造是需要深厚的理论经验和对实际问题的理解的。

在养老金资金管理问题中，资金变动满足一类较复杂的随机方程。这其中考虑了投资收益、生存者利益以及给付方案对账户资金的影响。这里综合利用了精算和随机分析的理论和方法，将资金变动满足的方程简化为连续时间随机微分方程。在养老金资金管理问题中，控制变量为在固定收益类资产和权益类资产上的投资比例以及养老金的给付过程。缴费期的优化目标为期末的账户金额最大化，或者账户金额的 M – V 效用最大化。后者兼顾了风险与收益的平衡，有一定进步性。给付期的优化目标为参保者的养老效用最大化，即实际给付的养老金与预期给付中枢的二次偏差最小。考虑到对低于预期给付的惩罚，以及对高于预期给付的奖励，也可在优化函数中增加一次偏差项。

养老金的最优资金配置问题转化为传统的随机优化问题，可以通过著名的 HJB 方法加以解决。整体思路为：（1）利用 HJB 方法得到最优函数满足的偏微分方程。可以通过验证定理证明，该偏微分方程的解一定比最优化目标更优。（2）构造一个恰好可以实现上述偏微分方程的解同样效用的策略。由于可行策略的集合中存在上述策略，所以该策略下实现的回报，即偏微分方程的解一定小于最优化目标。这样，即可证明偏微分方程的解就是最优回报函数，同时，构造的策略就是最优控制策略。此类问题的最优回报函数和最优控制策略是成对出现的，且相互唯一决定，这保证了最优策略的唯一性。由此可见，养老金管理的控制优化问题求解的关键为构造最优控制策略，以达到和实现偏微分方程的最优解。对于在资产类别上的限制，可以在构造控制策略时加以限定。超过投资比例上界或者低于投资比例下界的部分，都假设为投资该上界和下界的比例即可。当然，这种情况下，需要利用验证定理，严谨地确认构造策略下的最优回报是小于偏微分方程的解的。

本书将创造性地利用随机分析和随机最优控制中的理论和方法，求解这一类带约束的随机控制问题的解，从而得到非寿险公司和养老金管理者应该选取的最优策略，以及能够实现的最优效用。这是随机最优控制理论在保险数学和保险经济学领域的重要应用，有较高的学术价值和实践意义。在解决模型的过程中，对传统方法的借鉴与应用以及对新方法的拓展与创新，都对随机控制领域的理论创新有很大的贡献。

对于更为精细的养老金管理模型，还需要进一步创新现有的优化方法进行解决。（1）研究时间不一致条件下的控制优化问题，探究在特殊的测度变换下，转换为时间一致优化问题的方法，从而解决带有控制策略约束的养老金最优资产配置和给付方案问题。（2）选取有可分离性质的 CRRA 函数作为效用函数，研究养老金的最优转换时间问题，并尝试探讨更为广义的效用函数形式下的最优停时和最优边界问题。（3）研究不完备市场条件下，鞅方法如何应用的问题。这需要探究延拓的完备空间建立的最优回报函数向原不完备空间映射的问题，并通过鞅分解和映射，或者变分方法得到原问题的解。相关的结论可以很好地解决长寿风险背景下的养老金最优策略问题。（4）研究在变分方法框架下，如何通过构建辅助过程来解决带有缴费过程和终值约束的控制优化问题。该理论用于解决带有最低给付约束的养老金管理问题。通过融合鞅方法和变分方法的理论精髓，解决上述养老金管理领域的实际问题，是我们的主要研究工作。

2.4 蒙特卡罗模拟

由前文所述，HJB 变分方法可以有效地用于求解跨期最优投资和最优消费问题。通过建立 HJB 方程的解，可以得到最优反馈函数的解析形式。此外，利翁和斯尼特曼（1984）的定理保证了资产过程方程解存在的唯一性。但是，由于资产过程满足的方程形式是非常复杂的，很难得到显示解；同时，研究最优资产配置策略和最优投资策略随人的生命周期的变化是非常重要的课题，因此，我们采用蒙特卡罗方法得到最优策略随时间的变化趋势，并研究重要的参数对最优策略的影响。通过数值模拟，模型的经济含义更为直观和量化，是非常有意义的。

蒙特卡罗方法可以追溯到 19 世纪后期的蒲丰问题，即利用随机的投针实验计算圆周率的值。玻意耳（Boyle，1997）将蒙特卡罗方法引入期权定价领域，获得了巨大的成功。此后，蒙特卡罗方法在金融资产定价、最优金融策略选择等领域发挥了重要作用。蒙特卡罗方法的主要理念为，将所求问题转化为概率模型，一般为将值函数表达为数学期望。将经过大量的随机实验，利用抽样生成的随机变量的算术平均值作为数学期望的近似值。

接下来，以一个随机微分方程的离散化为例，介绍蒙特卡罗方法的应用情况。

初始的资产过程满足的连续时间随机微分方程有如下形式：

$$\mathrm{d}X_t = b(X_t)\,\mathrm{d}t + \sigma(X_t)\,\mathrm{d}B(t) \quad X_0 = x_0$$

将连续时间模型离散化处理后为：

$$\begin{cases} X_0 = x_0 \\ X_{n+1} - X_n = b(X_n)\Delta t + \sigma(X_n)\big[B((n+1)\Delta t) - B(n\Delta t)\big] \end{cases} \quad (2.3)$$

由于 $B(t)$ 为标准布朗运动，$B((n+1)\Delta t) - B(n\Delta t) \sim N(0, \Delta t)$。利用蒙特卡罗方法随机生成该服从正态分布的随机变量，并通过离散方程（2.3）进行迭代，即可得到资产过程的一条轨道。

在本书中，蒙特卡罗方法主要用于生成随机的资产过程。由于资金可用于无风险资产和风险资产的投资，而风险资产的回报是存在不确定性的，需要随机地生成风险资产的回报率来反映这种不确定性。而生成了当期的资产水平后，通过反馈函数可以确定当期的最优策略。此策略会影响下一期的资产水平和最优策略。以此类推，可以得到整个生命周期轨道上的最优策略。通过将大量轨道的最优策略进行平均化，即得到平均意义下的最优策略随时间的变化趋势。

养老金管理的控制策略为资产配置比例和最优给付方案。利用随机分析和控制优化的相关理论，得到了上述问题的最优控制策略以及最优回报函数。通过上述数学建模和分析，得到了最优策略的解析形式，并可结合此形式定量分析相关因素对最优策略的影响。

养老金的缴费及给付过程长达数十年，如何在较长的时间内动态地选择最优控制策略是管理者关注的问题。本书将利用重要的蒙特卡罗方法，模拟养老金资产配置策略逐年的变化轨迹。首先，通过市场数据估计随机过程的相关参数。这包括权益类资产的收益和风险参数、固定收益类资产回报率参数、养老金参保者的死亡规律参数、保费返还机制参数等。其次，利用估计的参数，得到最优策略的具体解析形式。通过随机生成资产变动满足的方程中的随机项，得到本步的资产情况，并计算得到最优策略的值。以此为基础，迭代生成下一步的资产值和最优策略的值。以此类推，生成最优策略在逐年之间的变化轨迹。最后，重复生成高数量级的上述轨道，并将各条轨道上的最优策略做加权平均，得到平均意义下的最优策略轨迹。通过蒙特卡罗方法，可以直观地展示最优策略随时间的演变过程。这些结果为养老金管理者长期投资策略和给付方案的设计提供了极大的借鉴价值。

对于模型中无法用解析形式表达的最优策略，将利用数值解法得到最优策略的定量结果。对于无法获得定量结果的部分，将利用 SDE 比较定理等随机分析的理论，定性地研究相关因素对最优策略的影响。

结合上述定量和定性研究的结果，本书将给出模型结论蕴含的经济学含义，并利用经济学一般规律解释形成此结果的传导机理。我们的研究结果将为保险资金管理者制定最优策略做参考，为资金委托者实现最优目标做依据，为金融监管者设定监测目标做基准。

第 3 章

典型模型介绍

3.1 积累期养老金管理模型

在养老金积累期，参保者定期向养老金缴纳确定的保险费，并通过控制在风险资产和无风险资产上的配置比例实现最优资金增值效果。我们选取了两类比较有代表性的模型进行介绍。（1）郭磊和陈方正（2008）提出的最大化积累期结束时的 CRRA 效用的模型。该研究将养老金管理分为缴费期和积累期两个阶段，对养老金管理的问题进行了准确的建模，并对相关重要问题提出了解决方案。（2）恩威拉和杰勒德（Ngwira and Gerrard，2007）提出的将最小化实际积累额与预期积累额的二次偏差作为优化目标的模型。与传统的仅关注收益产生的效用相比，此类优化目标更为关注风险与收益的平衡，是非常符合养老金管理实践的要求的。需要说明的是，该模型是在对参保者年龄结构存在较强假设的情况下，用于研究 DB 型养老金最优管理策略的模型，但是，其对 DC 型养老金管理建模有重要的参考价值。

3.1.1 基于 CRRA 效用的养老金最优资产配置策略

郭磊和陈方正（2008）以两资产为投资标的，以 CRRA 效用函数为优化目标，在连续时间框架下，考察退休前确定缴费投入和退休后确定养老支出对企业年金最优个体投资决策的影响。

假设市场由无风险资产和风险资产构成。无风险资产的价格和风险资产的价格分别满足如下的随机微分方程：

$$dS_0(t) = rS_0(t)dt$$

$$dS_1(t) = \mu S_1(t)dt + \sigma S_1(t)dW(t)$$

其中，$S_0(t)$ 为 t 时刻固定收益类资产的价格；r 为无风险利率，即固定收益类资产的收益率，是一个固定的常数；$S_1(t)$ 为 t 时刻权益类资产的价格，权益类资产的价格满足带漂移项的对数正态过程；μ 为权益类资产的期望收益率，是一个固定的常数；σ 为收益率的波动率；$W(t)$ 为概率空间 $(\Omega, \mathfrak{I}, \{\mathfrak{I}_t\}, P)$ 上的标准布朗运动。其中，滤子为 $\mathfrak{I}_t = \sigma\{W(s): s \leqslant t\}$。

参加养老金计划的参保者的 CRRA 效用函数为：

$$U(F) = F^\gamma / \gamma \quad \gamma < 1 \quad \gamma \neq 0$$

其中，F 是某时刻养老金的积累额。CAAR 效用函数的风险厌恶系数为常数，有 $-U''(F)/U'(F) = (1-\gamma)$。

该模型中将养老金的管理策略问题划分为两个阶段。先研究在退休前的情况，即 $t \in [0, N]$，N 为确定的退休时间，为一个外生变量；在缴费阶段，定期存在固定金额 P 投入基金，并动态地投资于风险资产与无风险资产。DC 型养老金积累过程 F 满足以下随机微分方程：

$$dF(t) = F(t)[\pi(t)\mu + (1-\pi(t))r + P]dt + F(t)\pi(t)\sigma dW(t) \quad t \in [0, N]$$

$$F(0) = P$$

其中，$F(t)$ 为养老金在 t 年的积累额；$\pi(t)$ 为在风险资产上的配置比例；$1 - \pi(t)$ 为在无风险资产上的配置比例。

在退休前的决策问题，即为确定最优控制策略 $\pi(t)$ 的过程。目标函数为最大化退休时的期望效用。该问题的优化目标为：

$$\max_\pi EU(F(N))$$

值函数为：

$$W(t, F) = \max_\pi E[U(F(N)) | F(t) = F]$$

利用 HJB 变分方法，可以得到值函数对应的方程为：

$$0 = \max_\pi \left[\frac{\partial \varphi}{\partial t} + (\pi(t)(\mu - r) + r)F + P)\frac{\partial \varphi}{\partial F} + \frac{1}{2}\pi^2(t)\sigma^2 F^2 \frac{\partial^2 \varphi}{\partial F^2} \right]$$

养老金在积累阶段的最优资产配置策略为：

$$\pi^*(t) = \frac{(\mu - r)^2}{\sigma^2(1-\gamma)} + \frac{P(1 - e^{-r(N-t)}/r)}{F} \frac{(\mu - r)^2}{\sigma^2(1-\gamma)}$$

通过该结果发现，在风险资产上的最优配置比例由两项组成。第一项为默顿系数，第二项表示参保者在退休前的风险资产投资更为激进。这是由稳定的缴费投入导致的。此外，该比例随着时间的推移而降低，随着时间的推移，未来的资金注入越来越少，投资也趋于保守。

该模型的建立和求解对本书的研究有极大的启发。我们在此模型基础上，加入了生存者利益的精算机制，更为符合养老金管理实际。特别地，通过泰勒（Toylor）展开、伊藤公式，以及相关的近似工具，建立了连续时间的随机微分方程，并得到解析形式的最优策略。相关结论与该模型的结论吻合的同时，还发现了一些有趣的结论。

由于本节着重介绍 DC 型养老金在积累期的随机优化模型，关于领取期的模型这里不做赘述。

3.1.2　基于成本函数的 DB 型年金管理策略

恩威拉和杰勒德（2007）提出了将最小化实际积累额与预期积累额的二次偏差作为优化目标的模型。该模型是在对参保者年龄结构存在较强假设的情况下，用于研究 DB 型养老金最优管理策略的模型，但是，其对 DC 型养老金管理建模有重要的参考价值。

恩威拉和杰勒德（2007）从 DB 型养老金集合资金管理者的角度出发，研究其最优的缴费金额，以及最优的资产配置方案。在 DB 型养老金管理中，给付金额是确定的，但是缴费金额不确定，其大小受到缴费和领取养老金的人数、资金积累情况等多种因素的影响。如何动态地设计 DB 型养老金的缴费金额是非常重要的研究课题。

假设 DB 型养老金集合资金的变化满足以下随机微分方程：

$$\mathrm{d}F(t) = F(t)\mathrm{d}\delta(t) + \{C(t) - B\}\mathrm{d}t$$

其中，$F(t)$ 为 t 时刻养老金的积累额；$C(t)$ 为 t 时刻的缴费额；B 为确定的给付额；$\mathrm{d}\delta(t)$ 为在时间区间 $(t, t+\mathrm{d}t)$ 上的投资回报率，该回报率是投资于风险资产和无风险资产综合获得的回报率。

在 DB 型养老金管理中，对参保者的人数、年龄结构做了较强的假设。因此，确定性的给付 B 是保持不变的。这里，B 并不是单个参保者的给付额，而是所有处于领取期的参保者的总给付额。DB 养老金管理中研究的是动态的集合资金的变化情况。

类似地，假设无风险资产和风险资产的价格变动满足以下随机微分方程：

$$dS_1(t) = \mu_1 S_1(t) dt$$

$$dS_2(t) = (\mu_2 - \lambda g_1) dt + \sigma dZ(t) + (e^{q(t)} - 1) dQ_\lambda(t)$$

其中，$Z(t)$ 为标准的布朗运动；μ_1 和 μ_2 分别为无风险资产和风险资产的预期收益率；$dQ_\lambda(t)$ 为泊松（Poisson）过程，密度为 λ。$g_1 = E(e^{q(t)} - 1)$ 描述了在发生一次跳跃的条件下，平均跳跃的幅度 $q(t) \sim N(\mu_q, \sigma_q^2)$。

在 DB 型养老金管理中，当缴费额超过给付额时，会结余下部分养老金。将结余的养老金投资于资本市场，可以实现养老金集合资金的增值，实现更高的养老效果。虽然 DB 型养老金的积累额与 DC 型养老金相比较小，但是投资的绩效仍然是养老金管理效果的重要评价标准。

在模型中，假设投资于风险资产的比例为 $\pi(t)$，投资于无风险资产的比例为 $1 - \pi(t)$。$\pi(t)$ 是一个重要的控制变量。在这种情况下，投资资金的瞬时汇报率满足以下随机微分方程：

$$d\delta(t) = \{1 - \pi(t)\}\mu_1 dt + \pi(t)\{(\mu_2 - \lambda g_1) dt + \sigma dZ(t) + (e^{q(t)} - 1) dQ_\lambda(t)\}$$

那么，集合资金价值的变动满足以下随机方程：

$$dF(t) = [F(t)\{\mu_1 + (\mu_2 - \mu_1 - \lambda g_1)\pi(t)\} + C(t) - B] dt +$$
$$\sigma\pi(t)F(t)dZ(t) + (e^{q(t)} - 1)\pi(t)F(t)dQ_\lambda(t) \qquad (3.1)$$

至此，已经建立了随机优化问题的状态过程。恩威拉和杰勒德（2007）借鉴博德利和利·卡尔齐（Bordley and Li Calzi, 2000）提出的成本函数，并将其最小化作为优化目标。DB 型养老金管理者和参保者的目标为最小化偿付能力风险和缴费风险，即养老金集合资金不足，以及承担过高缴费的两种风险的最小化。度量和管理偿付能力风险的一个重要的优化目标为最小化实际积累水平与预期积累水平的二次偏差，即最小化 F 与实现确定的预期积累目标的偏差，如利用精算方法估计的养老金计划的负债水平 AL。类似地，恩威拉和杰勒德（2007）也将实际缴费水平 C 与预期缴费水平 NC 的二次偏差最小化加入了优化目标。

DB 型养老金管理者最小化成本函数的优化目标为：

$$V^{\pi,C}(s,F) = E_{s,F}\Big[\int_s^T e^{-\beta r}\{\alpha_1(C(r) - NC)^2 + \alpha_2(F(r) - AL)^2\}\,\mathrm{d}r +$$

$$\alpha_3 e^{-\beta T}(F(T) - AL)^2\Big] \quad s \leqslant T$$

其中，权重函数满足 $\alpha_1 > 0$，α_2、$\alpha_3 \geqslant 0$。养老金管理者通过选择最优的资产配置策略 π^* 和最优的缴费策略 C^*，以最小化上述成本函数。即：

$$V(s,F) = \min_{\pi,C} V^{\pi,C}(s,F)$$

HJB 变分方式是解决上述随机控制优化问题的最好途径。恩威拉和杰勒德（2007）解出了成本函数 $V(s,F)$ 满足的 HJB 方程：

$$0 = \min_{\pi,C}\big[L^{\pi,C}V(s,F) + \alpha_1 e^{-\beta s}(C - NC)^2 + \alpha_2 e^{-\beta s}(F - AL)^2\big]$$

其中，

$$V(T,F) = \alpha_3 e^{-\beta T}(F - AL)^2$$

$$L^{\pi,C}V(s,F) = V_s + [F\{(1-\pi)\mu_1 + \pi(\mu_2 - \lambda g_2)\} + C - B]V_F$$

$$+ \frac{1}{2}\sigma^2\pi^2 F^2 V_{FF} + \lambda E_s\{V(s,F^j) - V(s,F)\}$$

$$F^j = F\{1 + \pi(e^q - 1)\}$$

通过观察 HJB 方程的边界值形式，该研究非常巧妙地尝试了以下形式的值函数：

$$V(s,F) = e^{-\beta s}P(s)(F^2 - 2S(s)F + R(s))$$

边界值为 $P(T) = \alpha_3, S(T) = AL, R(T) = AL^2$。

最终得到最优策略的形式为：

$$\pi^*(t) = \omega_4\frac{1}{F(t)}(S(t) - F(t))$$

$$C^*(t) = NC + \frac{1}{\alpha_1}P(t)(S(t) - F(t))$$

其中，ω_4 为已确定的常数；$S(t)$、$P(t)$ 为形式确定的 t 的函数，具体函数形式这里不再赘述；$F(t)$ 为将最优反馈函数代入状态方程（3.1），并通过该随机微分方程得到的唯一解。至此，完成了 DB 型养老金的最优资产配置策略和最优缴费额的模型建立和求解。

恩威拉和杰勒德（2007）的研究虽然集中于 DB 型养老金管理领域，但是相关的建模经验和求解方法对我们的研究有极大的裨益。本书的研究一方面在状态方程基础上，加入生存者利益的精算表达，从而建立了个人 DC 养老金账户积累额的变化规律；另一方面，利用成本函数作为优化目标，这非常符合养老金管理实践，且容易实现解析求解的方案。

3.2　分配期养老金管理模型

关于分配期的投资问题，传统的养老金计划为了保障资金的安全，一般在退休时便进行年金化管理，即将全部资金投资于固定收益类产品，并按照生存年金的给付方式进行分配。随着养老效用要求的提高以及通货膨胀的高企，按照传统方式管理的养老金无法满足养老需求。近年来，养老金计划多可以在分配期继续向权益类资产投资，以获得更高的收益。因此，在权益类资产和固定收益类资产上的动态配置比例是管理层重要的控制变量。同时，为了防止参保者过度领取养老金而造成高龄时养老金给付不足，并无法防范长寿风险的问题，多数养老金计划均存在强制转换和按照一定精算规律进行领取的条款。在理论模型中，需要将相关的精算规律考虑到模型中，也可以将给付金额作为控制变量进行研究。

对于优化目标，实证研究结果表明，养老金参保者主要的目标为最大化养老金给付以及稳定的、保持购买力水平的养老金给付。一方面，参保者希望通过管理者的专业化投资和运作，实现养老金的保值和增值，以实现更高的养老金支取水平；另一方面，参保者希望通过参加养老保险实现终身财富的平滑化，即工作期的财富用于为退休后提供稳定、较好的生活。这里可以选用最大化给付产生的 CRRA 效用或者最小化实际给付与预期给付二次偏差的成本函数来作为优化目标。

本节将介绍三类有代表性的优化模型。（1）布莱克等（2003）提出的离散时间模型。该研究中，将 PLA、ELA 和 ELID 模式养老金的精算机制进行了建模，并在 CRRA 效用下考虑了养老金参保者和管理者的最优资产配置策略。（2）何和梁（He and Liang, 2013）的研究，该研究将给付策略作为参保者的控制策略，研究在最小化实际给付与预期给付二次偏差的效用函数下的随机控制优化问题。（3）德沃尔代等（2003）的研究，即养老金计划在退休后存在延迟领取的情况，在退休后的一段时间，养老金可以用于资本市场的投资获得进一步增值，以获得后期更大的养老效用，在此期间，参保者按照确定的金额领取养老金。本节将介绍在 CRRA 效用和 CARA 效用函数下，退休后这段时间的最优资产配置策略问题。

3.2.1 给付方案的精算机制建模

布莱克等（2003）的研究首先建立了三种年金给付模式下的精算机制。其中，PLA 为在退休时一次性转换为生存年金的养老金模式。这种模式的结果是研究的一个基准。ELA 为在强制转换成年金之前，在退休后的一段时间可以投资于资本市场获得收益。在此期间，领取的养老金金额与养老金积累情况相挂钩。同时，生存的参保者可以获得早亡者的账户余额，即生存者利益。但是，参保者在死亡时没有遗产。ELID 与 ELA 模式类似，都存在允许进行资本市场投资的阶段。但是，在此模式下不存在生存者利益分配；同时，参保者死亡时可以获得遗产。

根据以上精算机制，三种不同模式养老金给付金额的计算方法如下。其中，PLA 模式下给付金额的计算公式为：

$$P(t) = P(B) = F(0)/\ddot{a}_x \quad t = 0, 1, 2, \cdots$$

其中，$P(t)$ 为 t 时刻的给付额；$F(0)$ 为退休时养老金账户的积累额；$\ddot{a}_x$ 为 x 岁的人的 1 单位元生存年金的精算现值；x 为参保者的退休年龄。

由于 ELA 和 ELID 养老金模式下都可以投资于资本市场，这里对无风险资产和风险资产的价格变动情况进行建模。无风险资产和风险资产的价格变化遵循以下规律：

$$M(t) = M(0)\exp(rt)$$

$$S(t) = S(0)\exp(\mu t + \sigma Z(t))$$

其中，$M(t)$ 为无风险资产在 t 时刻的价格；r 为无风险利率；$S(t)$ 为风险资产在 t 时刻的价格；μ 和 σ 分别为风险资产的期望收益率和波动率；$Z(t)$ 为标准布朗运动。

对 ELA 和 ELID 模式养老金进行精算建模。其中，当 $\delta = 0$ 时，为 ELA 模式养老金的精算规律；当 $\delta = 1$ 时，为 ELID 模式养老金的精算规律。

$$P(t) = F(t) / \ddot{a}_{x+t}$$

$$B(t) = (1-\delta)\frac{q_{x+t}}{p_{x+t}}(F(t) - P(t))$$

$$F(t+1) = \left(\omega\frac{S(t+1)}{S(t)} + (1-\omega)e^r\right) \times (F(t) - P(t) + B(t))$$

$$D(t+1) = \delta F(t+1) \quad t = 0, 1, \cdots, 9$$

其中，$P(t)$ 为 t 时刻的给付金额，$\ddot{a}_{x+t}$ 为 $x+t$ 岁人的 1 单位元生存年金的精算现值。在 ELA 和 ELID 养老金模式下，每年的领取金额是将养老金当时的积累额按照生存年金的计发规律进行计算的。$B(t)$ 为 t 时刻生存者获得的生存者利益；q_{x+t} 为一个精算符号，表示 $x+t$ 岁的人在 $x+t+1$ 岁死亡的概率；p_{x+t} 表示 $x+t$ 岁的人在 $x+t+1$ 岁仍然存活的概率；ω 为在风险资产上的投资比例，是一个重要的控制策略；$D(t+1)$ 为 $t+1$ 时刻的遗产。这里假设允许进行自主投资的年限为 10 年，之后养老金全部转换为生存年金。

对于优化目标，将最大化给付产生的 CRRA 效用作为参保者和养老金管理者的优化目标。其表述如下：

$$V(s,F) = E\left[\sum_{t=s}^{K} e^{-\beta t} J_1(P(t)) + k_2 e^{-\beta(K+1)} J_2(D(K+1)) \mid F(s)\right]$$
$$= f, s \text{ 时刻存活}]$$

其中，K 为参保者生存时间，β 为贴现因子。

$$J_1(P(t)) = h_1(\gamma_1)\left(\frac{P(t)}{P_B}\right)^{\gamma_1}$$

$$J_1(D(t)) = h_2(\gamma_2)\left[\left(\frac{D(t) + d_2}{d_2}\right)^{\gamma_2} - 1\right]$$

其中，γ_1 和 γ_2 为效用函数中的风险厌恶系数，$h_1(\gamma_1)$ 和 $h_2(\gamma_2)$ 均为确定形式的外生变量，这里不做详细说明。需要说明的是，在不产生遗产的养老金管理模式下，J_2 表达的遗产效用为 0。

利用倒向递归方式，得到的最优函数满足以下递归方程：

$$V(s,F) = e^{-\beta s}J_1(P(s)) + p_{x+s}E\left[V(s+1,F(s+1))\mid F(s),x+s+1\ \text{岁存活}\right]$$
$$+ q_{x+s}e^{-\beta(s+1)}E\left[J_2(\delta F(s+1))\mid F(s),x+s\ \text{岁存活}\right]$$

利用数值方法可以得到最优的资产配置策略和最优值函数。布莱克等（2003）得到的重要结论有：（1）最优资产配置策略受参保者风险承受能力的影响，风险厌恶程度越高，在风险资产上的投资比例越高。（2）参保者选择次优的养老金模式产生的代价比选择错误的风险投资比例的代价要小。同时，资产配置策略也受到遗产动机以及参保者健康状况的影响。此外，对于风险承受能力较高的参保者，较早的强制转换时间对养老效用的下降有显著影响。（3）最优转换时间还受遗产动机、基金积累情况，以及转换时间决策制定时间的影响。

本书受到以上研究极大的启发。通过将上述精算机制进行连续时间近似，得到了养老金资产过程满足的随机微分方程。通过 HJB 变分方法等手段，有效地解决了相关优化问题。特别是，在考虑自主选择的给付方案等情况下，得到了更为复杂的优化问题的解析解。相关结论拓展了布莱克等（2003）的结论，对养老金管理实践有非常重要的启发意义。

3.2.2　养老金分配期的最优给付方案模型

在养老金分配期，不同模式的给付方案是不同的。大类上分为可以由管理层自由控制的给付方案，以及按照一定精算规律给付的方案。对于第一类方案，养老金的分配策略为管理层重要的控制策略。管理者可以通过制定合适的分配方案，将财富在人的生命周期中做平滑，以获得较高的养老效果。对于第二类方案，一旦确定了给付的模式，即按照相应的精算规律进行分配。这种方案中，给付的方案不够灵活，能够实现的最大效用低于可以自由控制的分配方案。但是，谨慎的精算规律保证了老年期账户存在较高的余额，安全性较高。

关于分配期的投资问题，传统的养老金计划为了保障资金的安全，一般在退休时便进行年金化管理，即将全部资金投资于固定收益类产品，并按照生存年金的给付方式进行分配。随着养老效用要求的提高以及通货膨胀的高企，按照传统方式管理的养老金无法满足养老需求。近年来，养老金计划多可以在分配期继续向权益类资产投资，以获得更高的收益。因此，在权益类资产和固定收益类资产上的动态配置比例是管理层重要的控制变量。

下面，以第一类给付方案为例进行介绍，即将分配策略作为控制策略，且在分配期继续在权益类资产上进行投资的养老金控制优化问题。

假设在分配期，在 t 时刻投资于权益类资产的比例为 $\pi(t)$，给付给参保者的额度为 $P(t)$。其中，$\pi(t)$、$P(t)$ 都是资金管理者控制的重要变量。那么，在 t 时刻养老金账户的资金水平变动满足如下规律：

$$dX(t) = \{X(t)[\pi(t)(\mu - r) + r] - P(t)\}dt + X(t)\pi(t)\sigma dW(t)$$

$$X(0) = z \geq 0 \tag{3.2}$$

其中，z 为分配期开始时，即参保者刚退休时账户积累的养老金总额。以上模型为传统的研究 DC 型养老金最优管理策略问题的模型。其中最大的问题是未能将生存者利益问题考虑进模型。事实上，生存者利益是养老金计划精算分析中的重要问题。当参保者在分配期死亡时，其账户可能存在一定余额，这部分余额将在所有生存者中间进行分配，这就是生存者利益。在厘定参保费用时，已经将生存者利益的精算规律用于定价模型；而在现有的理论研究中，却忽略了重要的生存者利益问题对个人账户余额的影响，是存在缺陷的。当实际死亡概率高于预期死亡概率时，个人账户的养老金水平将高于预测值，从而为存活者提供更高的养老效用。相反，当实际死亡概率低于预期死亡概率时，个人账户能够分配到的生存者利益减少，能实现的养老效用将低于预期水平。本书将生存者利益相关的精算规律加入模型，并通过近似和简化得到连续时间控制优化模型。最后，利用 HJB 变分方法等控制优化理论，解决了此类更为复杂的随机控制优化问题。

对于优化目标，实证研究结果表明，养老金参保者主要的目标为最大化养老金给付以及稳定的、保持购买力水平的养老金给付。一方面，参保者希望通过管理者的专业化投资和运作，实现养老金的保值和增值，以实现更高的养老金支取水平；另一方面，参保者通过参加养老保险实现终身财富的平滑化，即工作期的财富用于为退休后提供稳定、较好的生活。此外，长寿的风险可以通过大数定律在参保群体中得到分散。最后，参保者获得养老金给付的主要用途为退休后能够保持购买力水平。因此，考虑能够保证购买力水平的养老金给付是非常有意义的。在本书的模型中，我们将稳健的、保持购买力水平的养老金给付作为参保者养老效用的表述。数学上，通过实证经验建立养老金给付中枢，这是预期给付的最优的养老金水平。本书将实际养老金给付与预期给付中枢的二次偏差的最小化作为优化目标。实际中，参保者偏好高于预期给付中枢的实际给付，而厌恶低于预期给付中枢的实际给付。因此，也可以增加实际给付与预期给付中枢的一次偏差，体现参保者的偏好。

上述问题的优化目标为：

$$V(s, X(s))) = \min_{\pi, P \in \Pi} \left[\int_s^T e^{-ct} (P(t) - NP)^2 dt + \alpha e^{-cT} (P(T) - NP)^2 \right] \quad s \leqslant T$$

其中，$X(t)$ 为满足式（3.2）的随机过程。π、P 分别表示容许策略集中的资产配置策略和给付策略；这两者都是养老金管理者控制的重要变量。通过动态地选择合适的资产配置方案，以及养老金给付方案，可以更好地实现资金的保值和增值，为参保者提供更高的养老效用。NP 为预期的养老金给付中枢，这是根据实证研究的数据，并经过通货膨胀调整得到的结果。α 为权重系数，体现了整体效用函数中最后一期给付的重要程度。一般地，定期年金在约定的时间到期时，向生存者给付最后一期养老金。终身年金不存在到期日，一般认为达到生命表的最大年龄前一年时，应该向存活者给付其账户余额作为最后一期养老金。养老金参保者的目标为获得持续、稳定的养老金给付，以补充社会养老保险的不足，实现较高的养老效果。因此，养老保险的遗产动机较弱，即最后一期给付的效用不重要。因此，权重系数 α 比较小。

本书多将上述最小化二次偏差选取为优化函数，相关模型的求解方法在后文有详细的介绍，这里不做赘述。

3.2.3 退休后的最优资产配置模型

在一些养老金计划中，在退休后一段时间将养老金继续投资于资本市场获取收益。在此期间，参保者按照确定的金额领取养老金。在优化目标的选择上，德沃尔代等（2003）选取了几类有代表性的 CRRA 和 CARA 效用函数，例如幂次函数、指数函数和对数函数，分别介绍了在上述效用函数下，养老金优化问题解析形式的求解方法。

德沃尔代等（2003）研究了在从退休开始，到延迟领取的时间为止的时间内的养老金资产配置问题，即 $F(t), t \in [N, N+T]$。其中，$F(t)$ 为 t 时刻的资产水平；N 为退休时间；$N+T$ 为延迟领取的时间。

假设风险资产和无风险资产的价格变动满足以下随机微分方程：

$$dS_0(t) = rS_0(t)dt$$

$$dS_1(t) = \mu S_1(t)dt + \sigma S_1(t)dW(t)$$

其中，$S_0(t)$ 和 $S_1(t)$ 分别为无风险资产和风险资产的价格；r 为无风险收益率；μ 和 σ 分别为风险资产的预期收益率和波动率。

在退休后的一段时间 $t \in [N, N+T]$，养老金资产可以用于资本市场投资。其资产水平的变动遵循以下规律：

$$dF(t) = \{F(t)[\pi(t)(\mu - r) + r] - B\}dt + F(t)\pi(t)\sigma dW(t)$$

其中，$B = C/\ddot{a}_{\overline{T}|}$。C 为确定的金额，$\ddot{a}_{\overline{T}|}$ 为 T 年的 1 单位元确定性年金的精算现值。在该模型中，养老金的给付是按照上述规律进行领取的。

德沃尔代等（2003）选取的优化目标为在投资期结束时资产的效用最大化，即：

$$V(t, F) = \max_u EU(F(N+T) \mid F(t) = F) \quad N \leq t \leq N+T$$

至此，养老金的管理问题转化为随机控制优化问题。利用 HJB 变分方法，得到优化问题满足的 HJB 方程：

$$0 = \max_{\pi} \left[\frac{\partial V}{\partial t} + (\pi(t)(\mu - r) + r)V - B)\frac{\partial V}{\partial F} + \frac{1}{2}\pi^2(t)\sigma^2 F^2 \frac{\partial^2 V}{\partial F^2} \right]$$

最优风险资产配置比例为：

$$\pi^*(t) = -\frac{\partial V/\partial F}{F(\partial^2 V/\partial F^2)} \frac{\mu - r}{\sigma^2}$$

进而，分别选取了幂次效用、指数效用作为优化函数进行研究。在幂次效用函数模型中，效用函数的形式为：

$$U(F) = \frac{F^{\gamma}}{\gamma} \quad \gamma < 1 \quad \gamma \neq 0$$

其中，γ 为效用函数中的风险厌恶系数。

为了建立上述 HJB 方程的解，需要猜测解析解的大致形式。德沃尔代等（2003）给出了解的形式，为后续研究提供了宝贵的经验：

$$V(t, F) = b(t) \frac{(F - a(t))^{\gamma}}{\gamma}$$

边界条件为 $a(N + T) = 0, b(N + T) = 1$。其中，$a(t)$ 和 $b(t)$ 为待定的 t 的函数，可以通过代入 HJB 方程比较容易地求得。这里略去相关计算过程。

在退休后的可投资时期，养老金的最优资产配置策略为：

$$\pi^*(t) = \frac{(F - a(t))}{F} \frac{\mu - r}{\sigma^2} \frac{1}{1 - \gamma}$$

其中，F 为将最优策略的反馈函数代入状态方程，从而求得的资产过程的唯一解。

指数形式的效用函数为：

$$U(F) = -\frac{1}{c} e^{-cF} \quad c > 0$$

其中，c 为效用函数中的风险厌恶系数。

在这种情况下，猜测的 HJB 方程解的形式为：

$$V(t, F) = -\frac{1}{c} \exp[-c[a(t) + b(t)(F - c(t))]]$$

边界条件为 $a(N + T) = 0, b(N + T) = 1, c(N + T) = 0$。同样地，$a(t)$、$b(t)$ 和 $c(t)$ 为待定的 t 的函数，可以通过代入 HJB 方程比较容易地求得。这里略去相关计算过程。

通过求解 HJB 方程，养老金的最优资产配置策略为：

$$\pi^*(t) = \frac{e^{r(t - (T + N))}}{F} \frac{\mu - r}{\sigma^2 c}$$

德沃尔代等（2003）给出了几种典型的 CRRA 和 CARA 效用函数下，退休后养老金资产的配置问题。相关 HJB 方程的求解技巧为后续研究提供了宝贵的经验。

3.3 带复杂约束的养老金管理模型

3.3.1 带有最小积累水平约束的养老金模型

传统的 DC 型年金的给付与资金的投资收益、给付方案以及生存者利益相关，是完全不确定的。这相当于将养老金给付不足的风险完全转移至参保者。参保者有通过参加养老保险获得最低额度给付，转移养老风险的诉求。近年来，带有最低给付要求的养老金产品成为主流，也即变额年金。关和梁（Guan and Liang，2014）主要研究了带有最低积累水平或者最低给付要求的养老金管理问题。目前的研究集中于变额年金的定价问题，鲜有研究变额年金的最优投资策略问题。事实上，两者的本质是类似的。本问题可以转化为带约束的控制优化问题，这在随机优化领域是较难解决的一类问题。关和梁（2014）创造性地加入了两个辅助过程：（1）复制了年金的确定性缴费过程；（2）复制了该终值约束，从而巧妙地将原问题转化为简单的默顿投资—消费模型，可利用传统的变分方法加以解决。关和梁（2014）的主要贡献为创造性地构造了辅助过程，从而解决了带有最低给付要求的养老金最优管理策略问题。

关和梁（2014）首先假设了四类金融资产价格变动遵循的规律。由于市场的随机参数个数等于独立的资产种类，市场是完备的，这也是可以利用鞅方法解决该问题的重要前提。

假设利率的变动满足以下随机微分方程：

$$dr(t) = (a - br(t))dt - \sqrt{k_1 r(t) + k_2}\, dW_r(t)$$

$$r(0) = r_0$$

其中，a、b、k_1、k_2 都是已知的外生参数，$W_r(t)$ 为标准布朗运动。对利率过程的假设与迪尔斯特罗等（Deelstra et al.，2003）使用的利率模型是已知的。CIR 和 Vasicek 模型都是其中的特例。

根据以上假设，无风险资产的价格变动满足以下方程：

$$\frac{\mathrm{d}S_0(t)}{S_0(t)} = r(t)\,\mathrm{d}t$$

$$S(0) = S_0$$

此外，市场上存在一种零息债券，其价格满足以下随机微分方程：

$$\begin{cases} \dfrac{\mathrm{d}B(t,s)}{B(t,s)} = r(t)\,\mathrm{d}t + h(s-t)\sqrt{k_1 r(t) + k_2} \times (\lambda_r\sqrt{k_1 r(t) + k_2}\,\mathrm{d}t + \mathrm{d}W_r(t)) \\ B(s,s) = 1 \end{cases}$$

其中，s 为零息债券到期日，$h(t)$ 为已知参数和 t 的函数。市场上还存在一种滚动债券（rolling bond），其价格变动满足以下随机微分方程：

$$\frac{\mathrm{d}B_k(t)}{B_k(t)} = r(t)\,\mathrm{d}t + h(K)\sqrt{k_1 r(t) + k_2} \times (\lambda_r\sqrt{k_1 r(t) + k_2}\,\mathrm{d}t + \mathrm{d}W_r(t))$$

容易发现，滚动债券的价格仅与利率风险有关。因此，该种债券并没有提供新的独立的资产个数，且其价格可以通过市场上已有的无风险资产和零息债券的价格复制。

最后，市场上存在重要的风险资产，股票的价格满足以下随机微分方程：

$$\begin{cases} \dfrac{\mathrm{d}S(t,s)}{S(t,s)} = r(t)\,\mathrm{d}t + \sigma_S\sqrt{k_1 r(t) + k_2} \times (\lambda_r\sqrt{k_1 r(t) + k_2}\,\mathrm{d}t + \mathrm{d}W_r(t)) + \\ \qquad\qquad vL(t)\,\mathrm{d}t + \sqrt{L(t)}\,\mathrm{d}W_S(t) \\ \mathrm{d}L(t) = \alpha(\delta - L(t))\,\mathrm{d}t + \sigma_L\sqrt{L(t)}\,\mathrm{d}W_L(t) \end{cases}$$

其中，α、δ、σ_L、v 为正的常数；$W_S(t)$、$W_L(t)$ 为标准布朗运动，且满足一定的相关关系，这里不做详细介绍。可见，股票价格提供了两种重要的随机参数 $W_S(t)$、$W_L(t)$。

关和梁（2014）研究了 DC 型养老金积累期的最优资产配置问题。在积累期，参保者定期向账户交纳一定费用作为保险费，该保险费一般与工资挂钩，也是随机的。假设缴费过程满足以下随机微分方程：

$$\frac{\mathrm{d}C(t,s)}{C(t,s)} = \mu\,\mathrm{d}t + \sigma_{C_1}\sqrt{k_1 r(t) + k_2} \times (\sqrt{k_1 r(t) + k_2}\,\lambda_r\,\mathrm{d}t + \mathrm{d}W_r(t))$$

$$+ \sigma_{C_2}(vL(t)\,\mathrm{d}t + \sqrt{L(t)}\,\mathrm{d}W_S(t))$$

其中，缴费过程的随机参数与股票是一致的。这里可以将缴费过程也视作一种独立的资产。综上，对于资产种类的假设中，一共有三种独立的资产和三个随机参数。在这种情况下，市场是完备的，可以利用鞅方法通过复制来研究相关的定价问题。

此外，该养老金计划存在对最低积累额的承诺。养老金管理者承诺，养老金积累额最低不少于工作期的缴费按照无风险利率的积累额，即最低积累额有以下表达式：

$$G(T) = \int_T^\omega g(s) B(T,s)\, {}_{s-T}p_T \mathrm{d}s$$

其中，$g(s) = G(T) e^{g(s-T)}$，${}_{s-T}p_T$ 为一个精算符号。

至此，给出资产过程满足的随机微分方程。在各资产上的配置比例是重要的控制变量：

$$\begin{cases} \mathrm{d}X(t) = u_0 X(t) \dfrac{\mathrm{d}S_0(t)}{S_0(t)} + u_B X(t) \dfrac{\mathrm{d}B_K(t)}{B_K(t)} + u_S X(t) \dfrac{\mathrm{d}S(t)}{S(t)} + C(t) \mathrm{d}t \\ X(0) = X_0 \end{cases}$$

$$(3.3)$$

其中，$u_0(t)$、$u_B(t)$、$u_S(t)$ 分别为在无风险资产、债券和股票上的配置比例，是养老金管理者控制的重要策略。将无风险资产、债券和股票价格变动满足的随机微分方程带入式（3.3），得到养老金资产变动满足的随机微分方程：

$$\begin{cases} \mathrm{d}X(t) = r(t) X(t) \mathrm{d}t + X(t) \left[u_B(t) h(K) + u_S(t) \sigma_S \right] \times \left[\lambda_r (k_1 r(t) + k_2) \mathrm{d}t \right. \\ \qquad \left. + \sqrt{k_1 r(t) + k_2}\, \mathrm{d}W_r(t) \right] + u_S X(t) \left[vL(t) \mathrm{d}t + \sqrt{L(t)}\, \mathrm{d}W_S(t) \right] + C(t) \mathrm{d}t \\ X(0) = X_0 \end{cases}$$

对于优化目标，需要考虑到养老金计划对最低积累额的承诺。因此，养老金管理者的优化目标为：在实现保证最低积累额的基础上，最大化实际积累额产生的 CRRA 效用。关和梁（2014）提出的有实际意义的优化函数为：

$$\begin{cases} \max\limits_{u(t) \in \Pi} E\{ U(X(T) - G(T)) \} \\ s.t. \quad X(T) \geqslant G(T) \end{cases}$$

其中，Π 为可容许的策略集。为了简单起见，选取了 CRRA 效用函数，幂次效用函数的形式为 $U(x) = \dfrac{x^{1-\gamma}}{1-\gamma}, \gamma > 0, \gamma \neq 1$。

关和梁（2014）给出了研究带有最小积累额约束的养老金投资问题的一般解决方法，即通过建立一个辅助过程，可以完美地复制缴费过程。而原问题减去该辅助过程，则成为简单的无约束优化问题，可以通过传统的鞅方法加以解决。

受到韩和洪（Han and Hung，2012）的启发，构造如下形式的辅助资产过程：

$$
\begin{cases}
\dfrac{\mathrm{d}D(t,s)}{D(t,s)} = r(t)\,\mathrm{d}t + (\sigma_{C_1} - f_2(s-t))\sqrt{k_1 r(t) + k_2} \times \left[\lambda_r \sqrt{k_1 r(t) + k_2}\,\mathrm{d}t \right. \\
\qquad\qquad \left. + \mathrm{d}W_r(t)\right] + \sigma_{C_2}\left[vL(t)\,\mathrm{d}t + \sqrt{L(t)}\,\mathrm{d}W_S(t)\right] \quad s \geq t \\
D(s,s) = C(s)
\end{cases}
$$

至此，得到以下结论：复制的资产过程 $D(t,s)$ 为在到期日 s 给付 $C(s)$ 的一种资产的现值。对 $D(t,s)$ 进行以下形式的积分，即可以得到在 $[t,T]$ 时间上所有缴费的现值：

$$
F(t,T) = \int_t^T D(t,s)\,\mathrm{d}s
$$

通过构造一种辅助资产，成功地复制了缴费过程的现值。接下来，将原资产过程减掉该辅助资产过程，从而将原问题转换为一般的无约束优化问题。令：

$$
Y(t) = X(t) + F(t,T) - G(t)
$$

原问题转化为：

$$
\begin{cases}
\max\limits_{u^{Y}(t) \in \Pi} E\{U(Y(T))\} \\
s.t. \quad Y(T) \geq 0
\end{cases}
$$

该问题的解可以通过传统的鞅方法加以解决，此处略去相关求解过程。

关和梁（2014）通过精巧地构造辅助过程，将带最低积累额约束的优化问题转化为一般的无约束控制优化问题。相关技巧对于解决带最小积累约束和最小给付约束的养老金管理问题有重要的参考价值。

3.3.2　在损失厌恶和异质信念条件下的养老金模型

养老金资产配置和给付方案问题是理论界和实务界都非常关注的问题。理论研究的大部分结果都得到了实证经验的支持。然而，还有部分结论与实证经验是相悖的，如养老金的最优转换问题等。因此，目前的理论研究更多地从行为金融等角度寻求解决理论与实践冲突的方法。损失厌恶和异质信念即为行为金融中重要的研究基础。损失厌恶理论是卡尼曼和特沃斯基（Kahneman and Tversky，1979）首次提出的。在该假设下，人对超过某一基准水平的正收益和损失的态度是不同的。事实上，人对损失的厌恶程度更高，更为敏感。关和梁（2016）利用该效用函数，研究了在厌恶损失条件下养老金的最优资产配置策略，以期得到更为符合实际的结果，并减小理论与实践检验的差距。

对基础的、可供养老金投资的资产价格变动情况做假设。其中，无风险资产的价格变动满足以下规律：

$$dS_0(t) = S_0(t)r(t)dt, S(0) = S_0$$

无风险利率的变动满足以下随机微分方程：

$$dr(t) = a(b - r(t))dt - \sigma_r dW_r(t), r(0) = r_0$$

其中，a、b、σ_r 均为已知参数；$W_r(t)$ 为标准布朗运动。另外两种固定收益类产品，零息债券和滚动债券的价格变动满足以下两个随机微分方程。其中，所有的参数为外生参数，且均为常数：

$$\frac{dB(t,T)}{B(t,T)} = r(t)dt + h(T-t)(\lambda_r dt + dW_r(t)), B(T,T) = 1$$

$$\frac{dB_K(t)}{B_K(t)} = r(t)dt + h(K)(\lambda_r dt + dW_r(t))$$

此外，风险资产股票的价格变动满足以下随机微分方程。在利率风险的基础上，该种资产提供了一种新的随机参数 $W_S(t)$，$W_S(t)$ 为标准布朗运动：

$$\begin{cases} \dfrac{\mathrm{d}S(t)}{S(t)} = r(t)\mathrm{d}t + \sigma_1(\lambda_r \mathrm{d}t + \mathrm{d}W_r(t)) + \sigma_2(\lambda_S \mathrm{d}t + \mathrm{d}W_S(t)) \\ S(0) = S_0 \end{cases}$$

由于关和梁（2016）主要研究养老金积累期的最优资产配置问题，资产过程中需要考虑缴费过程的影响。假设缴费过程满足以下随机微分方程：

$$\frac{\mathrm{d}C(t)}{C(t)} = \mu \mathrm{d}t + \sigma_{C_1}\mathrm{d}W_r(t) + \sigma_{C_2}\mathrm{d}W_S(t) \tag{3.4}$$

由于缴费金额一般为工资的一定比例，而工资过程是一个随机过程，缴费过程也应该是随机的。如式（3.4）所示，缴费过程的随机参数与股票过程的随机参数是一致的，这是因为工资指数与股票指数间有很强的相关性。假设两者都可以通过两种风险参数组合而成，是非常合理的简化处理方法。

综上所述，养老金资产过程可以表示为以下形式：

$$\begin{cases} \mathrm{d}X(t) = r(t)X(t)\mathrm{d}t + [u_B(t)h(K) + u_S(t)\sigma_1](\lambda_r \mathrm{d}t + \mathrm{d}W_r(t)) + \\ \qquad\qquad u_S(t)\sigma_2(\lambda_S \mathrm{d}t + \mathrm{d}W_S(t)) + C(t)\mathrm{d}t \\ X(0) = X_0 \geqslant 0 \end{cases}$$

$$\tag{3.5}$$

其中，$u_B(t)$、$u_S(t)$ 分别为在债券和股票上的配置比例，是重要的控制变量。

对于优化目标，在损失厌恶假设下，参保者存在预期的积累水平 θ。当积累期结束时的实际积累额低于该预期积累水平时，参保者产生负效用。当实际积累水平高于该预期积累水平时，参保者产生正效用。同时，参保者对于收益和损失的态度是不一样的。参保者对损失的厌恶程度更高。根据以上对损失厌恶假设的经济学解释，得到以下优化目标：

$$U(X(T)) = \begin{cases} -A(\theta - X(T))^{\gamma_1}, & X(T) \leqslant \theta \\ B(X(T) - \theta)^{\gamma_2}, & X(T) > \theta \end{cases}$$

其中，$A > 0$，$B > 0$，$0 < \gamma_1 \leqslant 1$，$0 < \gamma_2 < 1$。

在损失厌恶假设下的养老金管理问题转化为带有上述优化目标的随机

最优控制问题。通过选择可容许的策略 $u(t) = (u_B(t), u_S(t))$，实现参保者效用的最大化。即：

$$\max_{u \in \Pi} E[U(X(T))]$$

$$s.t. \ (X(t), u(t)) \text{满足资产过程式}(3.5)$$

利用鞅方法解决上述随机控制优化问题。定价核函数 $H(t)$ 满足以下随机微分方程：

$$\frac{\mathrm{d}H(t)}{H(t)} = -r(t)\mathrm{d}t - \lambda_r \mathrm{d}W_r(t) - \lambda_S \mathrm{d}W_S(t)$$

$$H(0) = 1$$

在该模型中，独立的资产个数与随机参数个数是相同的，因此，存在定价核函数。由此，优化问题转化为：

$$\max E[U(X(T))]$$

$$s.t. \begin{cases} E\left[H(T)X(T) - \int_0^T H(s) \ C(s)\mathrm{d}s\right] \leqslant X(0) \\ X(T) \geqslant 0 \end{cases}$$

该约束函数表达式有非常直观的经济解释。其中，第一项为初始的资产水平，这是由于资产配置过程是一个自融资过程；第二项为缴费过程的现值。两项加总即为可以用于投资的总资产水平。

余下的求解过程中，重要的部分为终端资产水平的形式。根据此终端资产形式，推出过程中的资产水平，以及最优的资产配置策略。终端资产水平有以下分段函数的形式：

$$X^*(T) = \begin{cases} \theta + \left(\dfrac{\lambda H(T)}{B\gamma_2}\right)^{\frac{1}{\gamma_2 - 1}} & \text{如果 } H(T) < \bar{H} \\ 0 & \text{如果 } H(T) \geqslant \bar{H} \end{cases}$$

其中，$\bar{H}$ 为由已知参数决定的确定参数。其他参数均可以通过相关计算求得。至此，已经得到终端资产水平的解析形式。进而可以推出在积累期过程中，资产过程的表达式为：

$$X^*(t) = \frac{1}{H(t)} E[H(T)X^*(T) \mid \mathfrak{I}_t] - \int_t^T E\left[\frac{H(s)}{H(t)}C(s) \mid \mathfrak{I}_t\right]\mathrm{d}s$$

最后得到最优的资产配置策略 u_B^*、u_S^*。这里略去相关结果的具体形式。

理论结果显示，最优的终端资产水平是由两个分片连续的光滑函数组成的，而定价核函数的形式也与传统的效用函数下的结果类似。但是，在损失厌恶情况下，参保者选择了更低的风险资产配置比例。这是在新的效用函数下的修正结果，该结果缩小了理论与实践经验的距离，有非常重要的意义。

受到关和梁（2016）研究的启发，我们计划在后续的研究中选取行为金融领域重要的研究成果，如损失厌恶、异质信念和累积预期效用等，以反映参保者真正的目标。在此基础上，尝试解决诸如最优年金转换时间、最优生命周期投资等问题，以期将理论结果与实证经验更好地结合。

第 4 章

DC 型养老金积累阶段的
管理问题研究

4.1 研究背景

DC 型养老金为工作期缴纳确定的参保费，退休后根据账户积累情况，进行养老金给付的一类养老金。DC 型养老金的缴费期长达数十年，如何通过有效的资产配置，实现资金的增值以实现更高的养老效用，是理论界和实务界都关心的问题。

近年来，DC 型养老金在我国得到了长足发展。一方面，社会基本养老金的个人账户部分可以视为 DC 型养老金；另一方面，作为社会基本养老金的重要补充，企业年金的参保率和参保额都得到了大幅提升。在我国，企业年金绝大多数为 DC 型养老金。2013 年人社部和银监会、证监会、保监会联合颁布了《关于扩大企业年金基金投资范围的通知》和《关于企业年金养老金产品有关问题的通知》，提出了提高企业年金资金投资效率，实现资金保值和增值的战略要求。目前，在 DC 型养老金管理中，主要由养老金管理者进行资产配置决策。但赋予参保者更大的资产配置决策权利是养老金管理的共同趋势。同时，给付不足的风险也是由参保者自己承担的。因此，如何选择合适的资产配置策略，避免养老金管理者和参保者的非理性行为，是非常重要的问题。

根据美国的 DC 型养老金管理经验，401k 计划在 2006 年前实行完全个人选择模式。结果表明，参保者资产配置策略存在显著的"山墙"现象，即终身持有 100% 仓位股票和 0 仓位股票的参保者比例很高。这表明，全部投资于风险资产的参保者积累效果极度不稳定，并严重依赖于积累末期的股票市场表现；而全部投资于无风险资产的参保者则积累不足，无法实现较高的养老效果。美国养老金管理在 2006 年进行了重大改革，通过引入合格默认投资选择（qualified default investment alternative，QDIA），为参保者提供生命周期基金和生命特征基金，引导资产配置行为，取得了巨大成功。其中，生命周期基金为参保者距离积累期结束时间越短，资产配置策略越保守的基金；生命特征基金为对风险偏好不同的参保者提供与其偏好程度相匹配的资产配置策略的基金。实践表明，选择与参保者的生命周期和风险偏好相适应的资产配置策略，可以实现更好的养老金积累效果。郑秉文（2015）利用美国养老金管理的实证数据，从理论上分析了生命周期理论在养老金管理中的适用性。席红辉（2008）对比了美国与中国生命周期基金的特征，评价了其对养老金积累绩效的影响。

那么，生命周期、风险偏好以及积累水平将如何定量影响养老金资产配置策略？我国的养老金管理是否需要提供生命周期基金和生命特征基金来引导投资呢？本节通过随机优化模型来研究这一问题。

本节在默顿（1971）的多时期资产配置问题研究框架下展开研究。默顿（1971）首先建立了最优投资—消费的随机控制与优化模型，得到了风险承受能力与资产水平成正比的重要结论。在此基础上，多时期资产配置问题的研究方法被大量地应用于养老金资产配置问题的研究。凯恩斯等（2015）假设在养老金积累期，DC 型养老金的变动主要受投资收益和当期缴费的影响，并据此建立随机方程。其中，参保者可以动态控制在无风险资产和风险资产上的配置比例。该模型的优化目标为最小化积累期各阶段实际积累额与期望积累额的二次偏差。凯恩斯等（2015）的研究得到了最优资产配置比例的解析形式，并证明了参保者的最优资产配置策略受积累水平和生命周期的影响；同时，证明了最优风险资产配置比例与养老金积累水平存在正相关关系，这与默顿（1971）的结论是一致的。叶燕程和高随祥（2007），以及翟永会等（2010）分别在连续时间和离散时间框架下，研究了 DC 型养老金积累期的最优资产配置问题，并得到了最优资产配置策略随距离积累期结束时间变短而趋于保守的结论。类似地，本节建立了 DC 型养老金账户积累额变动满足的随机微分方程，资产配置比例是重要的控制策略。其中，通过对积累水平赋予不同的初始值，可以研究积累水平对最优资产配置策略的影响。此外，由于最优资产配置策略为时间和积累水平的复合函数，可以通过最优策略的半解析结果，利用蒙特卡罗模拟，研究最优资产配置策略随生命周期的变化情况。

对于优化目标，德沃尔代等（2003）以及郭磊和陈方正（2008）分别将 CARA 和 CRRA 效用最大化作为优化目标，此类优化目标更为关注投资的收益性。为了兼顾收益与风险的平衡，M－V 效用被应用于养老金管理的优化目标，相关的研究有张初兵和荣喜民（2012）。博德利等（2000）首次提出了目标函数的概念，该概念被广泛应用于养老金管理实践。恩威拉和杰勒德（2007）选取目标为积累期各阶段的养老金实际积累额接近预期积累额，并将最小化实际积累额与预期积累额的二次偏差作为优化目标。该类目标将为参保者提供稳健的养老金给付作为优化目标，更为关注投资的安全性，这符合养老金管理的要求。马娟（2007）研究了离散时间框架下，最小化实际积累额与预期积累额的二次偏差目标下的最优资产配置问题，发现对风险资产的配置随年龄增长有下降趋势。本节选用此类目标函数作为参保者的优化目标，但仅对积累期结束时的偏差进行控制，而放松对积累过程积累额的控制，以期给年轻的参保者更大的灵活性，希望通过年轻时有效的资产配置，实现资产的增值和保值，避免年老时被迫承担过大的投资风险。此外，受到张等（Chang et al. , 2003）的启发，将优化目标中加入负的实际与预期积累额的一次偏差。这体现了对正向偏差的奖励和对负向偏差的惩罚。不同的权重系数，体现了参保者不同的风险偏好。权重系数越大，表明参保者对收益的偏好越高，即风险偏好程度越高。通过对模型的改进，可以定量研究参保者风险偏好对资产配置策略的影响。

本节将利用 HJB 变分方法解决上述随机控制优化问题，得到最优控制策略的解析解，以及最优积累水平过程的半解析形式。其中，最优控制策略为时间和积累水平的复合函数。利用蒙特卡罗方法，并选取不同时间、积累水平的初始值，以及优化目标中表征参保者风险偏好的权重系数，以研究生命周期、积累水平和风险偏好对最优资产配置策略的影响。此外，受维尼亚和哈伯曼（2001）的启发，将利用蒙特卡曼方法，对比最优资产配置策略和恒定配置比例策略下，养老金积累额的收益和风险统计性特征，以评价不同资产配置策略的绩效。其中，前者为考虑生命周期因素下，养老金的最优资产配置策略；后者为不考虑生命周期因素下，一般选取的恒定配置比例策略。这部分结果可以评价在有无生命周期基金和生命特征基金引导下，养老金管理的绩效差异。上述结果可以定量论证我国养老金管理实践引入生命周期基金和生命特征基金的必要性。

4.2　DC 型养老金积累期模型

本节将在默顿的连续时间最优投资—消费模型中，研究 DC 型养老金积累期的最优资产配置问题。在积累期，参保者定期缴纳工资的确定比例，积累于个人的养老金账户。养老金的管理者和参保者可以选择在风险资产和无风险资产上的配置比例。如何选择合适的资产配置比例，实现资产的保值与增值，是养老金管理者和参保者都关注的核心问题。

根据凯恩斯等（2006）的假设，风险资产的价格 $S_1(t)$ 和无风险资产的价格 $S_0(t)$ 分别满足以下方程：

$$dS_1(t) = \mu S_1(t)dt + \sigma S_1(t)dB(t)$$
$$dS_0(t) = rS_0(t)dt \tag{4.1}$$

其中，风险资产价格满足几何布朗运动。μ 和 σ 分别为风险资产投资回报的期望收益率和波动率；$B(t)$ 为概率空间 $(\Omega, \mathfrak{I}, \{\mathfrak{I}_t\}_{t \geqslant 0}, P)$ 上的标准布朗运动；r 为无风险利率。

随着对 DC 型养老金投资限制的放开，养老金管理者和参保者在资产配置方面获得了更多的灵活性。本节将资产配置策略选取为控制策略，养老金管理者和参保者可以动态地选择在风险资产和无风险资产上的配置比例，以实现养老效用的最优化。

个人账户养老金积累额 $Y(t)$ 的变动满足以下随机微分方程：

$$dY(t) = Y(t)[\pi(\mu - r) + r]dt + cdt + Y(t)\pi\sigma dB(t)$$
$$Y(0) = y_0 \tag{4.2}$$

其中，π 为在风险资产上的配置比例，是重要的控制变量。容许的策略集为 $\pi(\cdot) \in (-\infty, +\infty)$。该假设有悖于养老金管理实践。事实上，养老金投资于风险资产的比例存在最高限制，且不可以卖空。这里将容许集范围扩大是为了模型的简化，可以得到时间不一致条件下优化问题的解析解。此外，实证结果显示，超出实际容许范围的最优解是非常少的，对整体结果影响甚微。c 为缴纳的养老金占工资的比例。这里，假设工资为单位 1。为了模型的简化，这里假设工资是恒定不变的。经检验，工资增长率对养老金最优资产配置策略的影响非常敏感。如果对工资变动情况的估计存在偏差，将极大地影响最优策略的准确性。为了避免此影响，假设工资在养老金积累期是保持不变的。y_0 为缴费期开始时的账户积累额。事实上，参保者转换工作时可能发生养老金账户的转移，因此，进入到当前养老金计划的初始年龄和积累额是存在差异的。

至此，建立了 DC 型养老金账户个人积累额变动满足的随机微分方程。养老金管理者和参保者可以通过选择最优的资产配置比例，实现养老效用的最优化。

如上所述，养老金管理的第一目标为安全性，其次为收益性。为养老金参保者提供稳健、持续的养老金给付是首要的管理目标。积累期结束时，最小化个人账户实际积累额与预期积累额的二次偏差，即实际积累额接近预期养老金给付的精算现值，是本节选取的优化目标。为了研究不同风险偏好的参保者最优资产配置策略的差异，在目标函数中加入了负的一次偏差。

参保者的最优目标函数 $V(y,t)$ 有以下表达式：

$$V(y,t) = \min_{\pi \in \Pi} \{ J(\pi,y,t) \}$$
$$= \min_{\pi \in \Pi} \{ E_{(\pi,y,t)} e^{-rT} {}_T p_{x_0} [(Y(T) - p\ddot{a}_{x_0+T})^2 - \alpha(Y(T) - p\ddot{a}_{x_0+T})] \}$$

$$(4.3)$$

其中，Π 为容许的策略集，$\Pi = \{ \pi(\cdot): \pi(\cdot) \in (-\infty, +\infty) \}$；$J(\pi,y,t)$ 为在策略 π 下的目标函数；T 为积累期结束的时间；${}_T p_{x_0}$ 为精算符号，表示在 x_0 岁参保的人在 $x_0 + T$ 岁仍然存活的概率；p 为目标工资替代率，即养老金给付对积累期结束时当期工资的替代比例；由于工资保

持恒定单位 1 不变，p 为预期的养老金给付额；$\ddot{a}_{x_0+T}$ 为精算符号，表示 x_0
$+T$ 岁的人的 1 单位元生存年金的精算现值，这里假设退休后的养老金按
照生存年金方式进行给付，即 $p \cdot \ddot{a}_{x_0+T}$ 为退休期预期给付养老金的精算现
值；α 为权重系数，度量养老金管理者和参保者的风险偏好程度，风险偏
好程度越高，对重视投资的收益性、对正向偏差的偏好和对负向偏差的惩
罚程度越高，该系数越大。

接下来，利用 HJB 变分方法求解上述随机最优控制问题式（4.2）和
式（4.3）的最优解。值函数 $\varphi(y,t)$ 满足以下变分方程：

$$\varphi_y\{[\pi(\mu-r)+r]y+c\} + \varphi_t + \frac{1}{2}\varphi_{yy}\pi^2\sigma^2 y^2 = 0 \tag{4.4}$$

边界条件为：

$$\varphi(y,T) = e^{-rT}{}_T p_{x_0}\left[(Y(T)-p\,\ddot{a}_{x_0+T})^2 - \alpha(Y(T)-p\,\ddot{a}_{x_0+T})]\right\}$$

由于式（4.4）在最优策略 π 下取极值，将式（4.4）对 π 求导，并
令导数等于 0，得到最优策略 π^* 的反馈函数 π_* 的表达式：

$$\pi_* = \frac{\varphi_y(r-\mu)}{\varphi_{yy}\sigma^2 y} \tag{4.5}$$

根据边界条件的形式，猜测值函数 $\varphi(y,t)$ 有以下形式：

$$\varphi(y,t) = e^{-rt}e^{-\lambda t}q(t)\left[y^2 + l(t)y + m(t)\right] \tag{4.6}$$

其中，$q(t)$、$l(t)$、$m(t)$ 为 t 的待定函数，将通过后续求解确定。边界
条件为：

$$q(T)=1, l(T)=-\frac{2p}{\lambda+r}-\alpha, m(T)=\frac{p^2}{(\lambda+r)^2}+\frac{\alpha p}{\lambda+r} \tag{4.7}$$

将式（4.6）代入式（4.5）得到最优反馈函数的形式为：

$$\pi_* = \frac{(2y+l)(r-\mu)}{2\sigma^2 y} \tag{4.8}$$

将式（4.6）和式（4.8）代入式（4.4），并令 y^2 和 y 的系数分别等
于 0，得到：

$$q'(t) + \left(r-\lambda-\frac{(\mu-r)^2}{\sigma^2}\right)q(t) = 0$$

$$l'(t) - rl(t) + 2c = 0$$

求解上述常微分方程，利用边界条件式（4.7），得到：

$$q(t) = e^{-\left(r - \lambda - \frac{(\mu - r)^2}{\sigma^2}\right)(t - T)}$$

$$l(t) = e^{r(t-T)}\left(-\frac{2p}{\lambda + r} - \alpha - \frac{2c}{r}\right) + \frac{2c}{r}$$

同样地，将式（4.6）和式（4.8）代入式（4.4），令常数项等于 0，可以得到 $m(t)$ 满足的常微分方程并求解。由于 $m(t)$ 并不影响最优策略的选择，这里略去其求解过程。

至此，笔者得到最优反馈函数 $\pi_*(y,t)$ 的解析形式。将最优反馈函数 $\pi_*(y,t)$ 代入随机微分方程式（4.2），同时相应的 y 换为 $Y(t)$。利用利翁（1984）的结果，随机微分方程式（4.2）存在唯一解 $Y_*(\cdot)$，它是随机控制问题式（4.2）、式（4.3）的最优状态过程。进而，可以证明随机最优控制问题式（4.2）、式（4.3）的验证定理。最优资产配置策略 $\pi^*(t)$ 是最优反馈函数 $\pi_*(y,t)$ 和最优状态过程 Y_* 的复合。即

$$\pi^*(t) = \pi^*(y_0, t) = \pi_*(Y_*(y_0, t), t)$$
$$= \frac{(2Y_*(y_0, t) + l)(r - \mu)}{2\sigma^2 Y_*(y_0, t)} \tag{4.9}$$

如上所述，可以得到 $q(t)$、$l(t)$、$m(t)$ 的解析解，控制优化问题式（4.2）、式（4.3）的最优目标函数 $V(y,t)$ 为式（4.6）中的 $\varphi(\pi^*(t), y, t)$。

4.3 生命周期、风险偏好和长寿风险对策略的影响

本节将研究生命周期、风险偏好和积累水平对 DC 型养老金资产配置影响的问题。（1）对上述随机优化问题解进行敏感性分析。通过蒙特卡罗方法模拟最优的资产配置比例随生命周期的变动过程；同时利用敏感性分析方法，研究风险偏好和积累水平对资产配置策略的影响。（2）利用模拟数据，比较在养老金积累期结束时，最优资产配置策略和恒定配置比例策

略下，账户积累额的差异，以此比较不同资产配置策略下，养老金管理的绩效差异。（3）论证我国 DC 型养老金管理中引入生命周期基金和生命特征基金的必要性。

4.3.1 蒙特卡罗方法介绍

简要介绍蒙特卡罗模拟分析的实施过程。确定初始参数后，计算由式（4.8）确定的最优资产配置比例，作为下一期的投资比例。以此为基础，按照式（4.1）随机生成风险资产的投资回报波动项，并以此计算下一期的账户积累额。按照以上规则，迭代生成并计算积累期各个时点的最优资产配置比例。将上述过程重复 10 000 次，并计算平均值，得到有参考价值的最优资产配置策略随生命周期变化的规律。

参数的确定遵循以下原则。由于美国的养老保障体系以 DC 型养老金为主，本节的资本市场和养老金相关数据力求与美国的实际数据有可比性。同时，本节的参数假设参考了维尼亚和哈伯曼（2001）的假设。根据美国一年期国债利率，假设无风险利率 $r = 0.02$。根据标普 500 股票指数，确定风险资产的期望收益率和波动率分别为 $\mu_1 = 0.08$、$\sigma_1 = 0.36$。假设参保者加入养老金计划的初始年龄为 $x_0 = 25$，退休年龄为 60 岁，即积累期持续时间为 $T = 35$。假设工作期缴费比例为当期工资的 25%，并预期退休当月给付的养老金可以实现 70% 的工资替代率。为了模型的有效性，假设工资保持单位 1 恒定不变，则 $c = 0.25$，$p = 0.7$。α 为权重系数，度量参保者对风险的态度，即对正向偏差的偏好和对负向偏差的厌恶程度。由于积累期结束时实际积累额与预期积累额有较大的二次偏差，将一次偏差的权重系数选取较大值 $\alpha = 5$。本节选取了恒定死亡力模型，$\lambda = 0.03$。

4.3.2 生命周期和积累水平对养老金资产配置策略的影响

利用上述蒙特卡罗模拟方法，研究生命周期和积累水平对养老金最优资产配置策略的影响。

笔者选取了不同的初始积累水平 $y_0 = 0.75$、1、1.25、1.5，作为研究的基础。在本节的随机优化模型中，各个时点的最优资产配置策略是基于本时点的信息结构做出的，是基于当前状态的最优策略。这里的初始积累额可以看作在任意时刻当前的积累额，并以此为基础研究最优资产配置比例问题。根据图 4 - 1，在风险资产上的最优配置比例与账户积累额成反比，即账户积累额较高的参保者会将较少的比例配置于风险资产。在此种情况下，参保者有足够的养老金积累以供退休后的养老金给付，无须再承担过多的资本市场的价格波动。相反，账户积累额不足的参保者不得不通过承担资本市场的投资风险以提高养老金的增值速度，来保障较高的养老效果。该结论与默顿的风险态度与积累水平成反比的结论是相悖的。这是由两类问题优化目标的差异造成的。

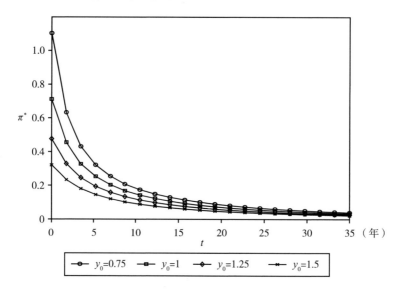

图 4 - 1 生命周期、积累水平对在风险资产上的最优配置比例的影响

图 4 - 1 同时展示了在风险资产上的最优配置比例随生命周期变动的规律。在参保者加入养老金计划的最初 15 年间，在风险资产上的投资比例是非常激进的。在初始积累额为 $y_0 = 1$ 的情况下，在风险资产上的初始配置比例高达 70%，并随年龄增长逐步降低。在此阶段，参保者根据自身的养老金积累情况和缴费情况，选择合适的风险资产配置比例。通过主动承担风险，实现账户积累额的保值和增值。在后续的近 20 年间，在风险资产上的配置比例下降至 10% 以内，并保持至退休。由于前期已经将积累额调整

至合理的水平，后期无须承担过多的资本市场的价格波动风险。

由此可见，在风险资产上的配置比例随着生命周期的演进是逐步降低的。该结论对养老金管理实践是非常有进步意义的。通过鼓励年轻人多进行风险资产的投资，将资金增值的目标在年轻阶段完成，可以保障中年后养老金积累的平稳性和可靠性。

4.3.3 风险偏好对养老金资产配置策略的影响

本节研究参保者风险偏好对最优资产配置比例的影响。权重系数 α 度量对积累额正向偏差的偏好和对负向偏差的厌恶程度。在最小化二次偏差的优化目标中加入负的一次偏差，即在要求养老金积累安全性的基础上，对收益性提出了要求。这体现了对风险的偏好。笔者选取 $\alpha = 2.5$、5、7.5、10，来研究风险偏好对最优资产配置比例的影响。这里，$y_0 = 1$。

图 4 - 2 显示，在风险资产上的配置比例与参保者对风险的偏好存在正相关关系。风险偏好权重从 $\alpha = 2.5$ 变动至 $\alpha = 10$，在风险资产上的最优配置比例从 15% 提高至 100%。参保者对风险的偏好程度越高，对收益性越

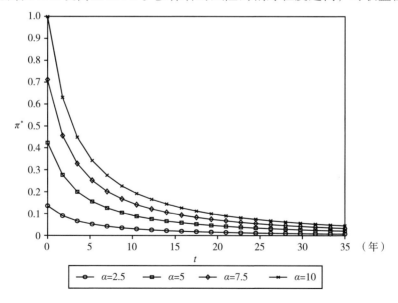

图 4 - 2 风险偏好对在风险资产上的最优配置比例的影响

为重视，其在风险资产上的配置比例越高。该类参保者通过承担资本市场的价格变动风险，提高账户积累额的增值效果；同时也增加了账户积累额的不稳定性。当然，在收益性目标下，风险偏好程度高的参保者通过多配置风险资产，提升了养老效用。相反，风险偏好程度低的参保者对安全性的重视程度超过收益性，该类参保者通过降低风险资产的配置比例，实现养老金的稳健保值和增值，提升了养老效用。

由此可见，生命周期、积累水平和风险偏好对养老金的资产配置有显著影响。参保者应该根据自身所处的生命周期阶段、前期养老金积累情况以及风险偏好程度选择合适的风险资产配置比例。因此，在养老金管理实践中，引入生命周期基金和生命特征基金是非常必要的。这两种基金通过将年龄异质和风险偏好异质的参保者放入不同资产配置方案的组合中，引导参保者制定理性的资产配置策略。同时，可以考虑引入与参保者的前期积累水平相关的积累水平特征基金，引导前期积累水平异质参保者的合理资产配置行为。

4.3.4 最优资产配置策略与恒定配置比例策略对比分析

本节研究最优资产配置策略和恒定配置比例策略下养老金积累效果的不同。根据美国的养老金管理实践，在缺乏对生命周期和风险偏好异质参保者的投资引导的情况下，终身全部投资风险资产和无风险资产的参保者的比例非常高。在此，将终身投资风险资产比例为 90% 和 10% 的参保者作为恒定配置比例策略的代表。假设风险资产价格变动满足式（4.1）的随机微分方程，并基于此假设，随机生成风险资产价格变动的一条轨道。图 4-3 展示了三种资产配置策略下，典型的在风险资产上的配置比例和养老金积累额随时间变化的轨道。

图 4-3 的左侧纵轴和实线展示了风险资产配置比例随时间的变化趋势。在最优资产配置策略下，在风险资产上的配置比例随着生命周期的演进有明显的下降趋势。在参保 10 年后，在风险资产上的配置比例下降至 10% 以下；同时，恒定配置比例策略下，在风险资产上的配置比例保持 90% 和 10% 不变。右侧的纵轴和虚线展示了养老金积累额随时间

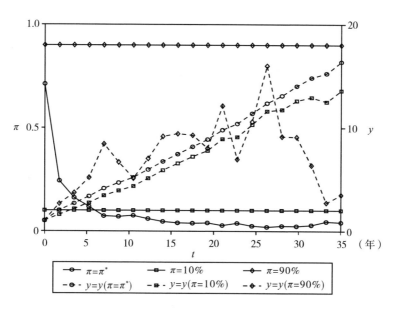

图 4 - 3　典型的风险资产配置比例和养老金积累额随时间的变化趋势

的变化趋势。可以推断，该条典型路径下，经历了较大的风险资产价格的波动。特别是，临近养老金积累期结束时，风险资产价格出现大幅下跌。

由此可见，在最优资产配置策略下，养老金积累额受风险资产价格波动的影响较小，特别是对后期的波动几乎是免疫的。前期虽然承担较大风险资产价格变动风险，但是可以通过资产配置策略及时调整，抗风险能力较强。但是，在 90% 风险资产的策略下，养老金积累额是非常不稳定的。随着后期风险资产价格的下跌，养老金较峰值减值接近 80%，抗风险能力较差。在 10% 风险资产的策略下，其积累效果和抗风险能力都处于居中的地位。在目前缺乏养老金管理经验的条件下，不失为一种次优的投资策略。

4.3.5　不同资产配置策略下的养老金积累绩效比较

本节利用蒙特卡罗方法随机生成 10 000 条在最优资产配置策略、修正的最优资产配置策略和恒定配置比例策略下养老金积累额的变化轨道，并以此评价不同的资产配置策略下养老金管理的绩效差异。由于在时间不一致的优化模型中无法考虑对资产配置比例的限制，导致卖空风险资产和无风险资产的结果出现，这是不符合现实的。因此，建立了修正的最优资产配置策略，即当上述最优风险资产配置比例超出实际容许域 $\pi \in [0,1]$ 时，修正的最优资产配置策略为取容许域的边界值。可见，这是一种次优策略。后文将通过统计性结果比较四种策略下养老金积累绩效的优劣。

由表 4－1 可知，最优资产配置策略和修正的最优资产配置策略下，养老金积累期结束时实际积累额低于预期积累额的概率不超过 5%。从风险管理的角度，这两种策略的积累效果是符合标准的。90% 风险资产策略和10% 风险资产策略下，积累不足的风险分别高达 42.00% 和 12.02%。由于高风险资产配置比例下参保者承担了过多的资本市场的价格波动风险，如果临近退休时的风险资产价格大幅下跌，对养老金的积累有极大的减值效果。对比可能发生的积累额最小值，10% 风险资产策略的表现最好，其余策略的最小积累额过小。这与最优化目标的选择有一定关系。由于选择了最小化实际积累额与预期积累额的二次偏差为目标函数，导致了风险资产配置比例与积累额成反比的结论。在前期积累额较低时，只能增加风险资产投资，通过承担风险以期增加积累额的增值速度。如果遇到风险资产价格连续下降的情景，参保者会不断提高风险资产的配置比例，而引致更大的积累额减值效果。由此可见，在极端风险下，低比例的恒定配置比例策略表现最优。最优资产配置策略、修正最优资产配置策略和10% 风险资产策略下，养老金平均积累额都在预期积累额 14 附近；而 90% 风险资产策略下的平均积累额高达 55.5。这在最小化二次偏差优化目标下是非常不经济的。该投资策略下，参保者承担了过高的风险，取得了较大的收益，同时也引致了较大的收益不确定性。而过高的收益偏离了预期的养老金积累额，该二次偏差在优化目标中受到了惩罚。最后，对最优值函数的计算进一步佐证了上述结论。最优资产配置策略、修正的最优资产配置策略、10% 和 90% 风险资产策略的值函数依次递增，即四种策略能够提供的养老效用依次递减。

表 4 – 1　　　　　　　　四种策略下养老金积累绩效的比较　　　　　　　单位：1

策略	低于预期积累额概率 $Prob(y(T) < p \cdot \ddot{a}_{x_0+T})$	积累额最小值 $Miny(T)$	平均积累额 $Avgy(T)$	最优目标函数值 $V(y,t)$
最优策略	4.53%	– 6.7444	16.6	– 1.8118
修正策略	4.75%	1.2688	16.581	– 1.7946
90% 风险资产	42.00%	0.80891	55.502	7 834.1
10% 风险资产	12.02%	10.101	16.744	– 1.2245

综上所述，修正的最优资产配置策略避免了理论最优资产配置策略中不符合实际的情况，是一种次优策略。该策略在实际表现中符合风险管理的要求，取得了稳定和充足的养老金积累效果，是首选的养老金资产配置策略。90% 风险资产策略下，养老金积累效果受风险资产价格变动的影响较大，积累额的稳定性和充足性无法保证；10% 风险资产策略下，养老金积累的稳定性符合风险管理的要求，但充足性不够理想。目前，由于缺少养老金的管理经验，较低风险资产配置比例的策略不失为一种有效的资产配置策略。

本节在连续时间最优投资—消费问题框架下，研究了生命周期、风险偏好和积累水平对养老金积累期最优资产配置策略的影响。结果表明，在风险资产上的最优配置比例随着生命周期的演进有逐渐降低的趋势；同时，在风险资产上的最优配置比例与前期养老金积累水平存在负相关关系，与风险偏好存在正相关关系。进而，利用蒙特卡罗模拟，给出了四种资产配置策略下养老金积累的绩效评价。结果表明，修正的最优资产配置策略下，养老金积累的稳定性和充足性都是得到保障的，是首选的养老金管理策略。当然，在现阶段，较低风险资产配置比例的策略不失为一种有效的养老金配置策略。本节的结论表明，在我国养老金管理实践中，引入生命周期基金和生命特征基金是非常必要的。这可以引导参保者实现与其所处生命周期阶段和风险偏好程度相适应的资产配置策略，增加资产配置的有效性，提高养老金积累效果，实现更高的养老效用。

第 5 章

与工资挂钩的养老金管理策略研究

5.1 研究背景

DC 型养老金积累期长达数十年，如何通过合理的资产配置，实现资金的有效增值是重要的问题。本章建立了 DC 型养老金个人账户积累额变动的连续时间随机模型，该模型综合考虑了投资收益、缴费效应和生存者利益对积累额的影响；同时，积累期结束时积累额能够满足养老金给付接近目标替代率被选取为优化目标。利用 HJB 变分方法等随机控制的方法与理论，得到了积累期最优资产配置策略的解析解。利用蒙特卡罗模拟方法证明，积累期缴费率对在风险资产上的配置比例有负向影响；目标替代率、人口老龄化程度以及对正向偏差的偏好程度对风险资产的配置比例有正向影响。

在 DC 型养老金管理策略问题研究中，对账户积累额的建模是非常关键的。恩威拉和杰勒德（2007）将参保者整体作为研究对象，通过对参保者年龄结构做限定，得到在积累期各个时点基金的潜在给付需求，并在优化目标中加以控制。翟永会、王晓芳和闫海峰（2010）考虑了缴费效应和投资收益对账户积累额的影响，建立了离散时间的个人账户积累额变动满足的方程，为本章研究提供了重要的参考。本章通过考虑生存者利益对个人账户积累额的影响，并进行近似和简化，建立了个人账户积累额变动满足的连续时间随机微分方程，且风险资产和无风险资产的配置比例是重要的控制变量。以此为基础，无须考虑对积累期中间环节的控制和约束，仅需在积累期结束时达到预期的目标即可。此结果对养老金管理实践是非常有意义的，因为它赋予年轻的参保者更多的投资灵活性和差异性，以期在参保初期积累合适的养老金规模，减轻后期的投资压力。

养老金给付能够实现的工资替代率是评价养老金管理绩效的重要标准。退休时给付的养老金与当期工资的比例，体现了养老金作为主要的收入来源对工资的替代程度以及对购买力的保持程度。我们将实现预期的目标替代率作为最终的优化目标。此外，工资水平通过缴费效应影响个人账户积累额，这要求工资的变动不是静态的过程，而是动态的，能反映实际变动情况的过程。根据凯恩斯、布莱克和多德（2000）的假设，工资过程满足几何布朗运动，同时与风险资产价格过程存在相关性。本节建立了工资变动满足的随机微分方程，并利用美国劳工部的数据对相关参数做估计。

利用 HJB 变分方法，本章将解决养老金管理的连续时间随机优化模型，得到最优资产配置策略的解析解。借助蒙特卡罗方法，本章将研究积累期缴费率、目标替代率、人口老龄化程度以及对正向偏差的偏好程度对风险资产的配置比例的影响。本章的结论可为 DC 型养老金管理者和参保者选择最优投资策略提供参考，为监管机构设定监督目标提供基准。

5.2　与工资挂钩的养老金积累模型

本节研究 DC 型养老金积累期的最优资产配置问题。DC 型养老金为缴费确定、给付不确定，并与投资收益、分配方式相挂钩的一种养老金模式。由于 DC 型养老金的积累期通常长达数十年，如何通过有效的资产配置实现养老金的有效增值，是理论界和实务界都关注的问题。

在 DC 型养老金的积累期，参保者定期缴纳工资的一定比例。工资是不断变动的过程，且受经济发展水平和劳动力供需情况的影响，存在一定的不确定性。工资的变动一方面影响缴费额；另一方面，工资替代率是评价养老金绩效的重要指标，这使得积累期结束时的当期工资对养老金管理目标有重要的参考价值。因此，需要对工资的变化规律有精确的描述。本节假设工资的变动满足几何布朗运动。一般经济环境中，工资的平均增长率为正数，所以假设几何布朗运动的漂移项为正数。工资过程 $W(t)$ 的变动满足以下随机微分方程：

$$dW(t) = \mu W(t)dt + \sigma W(t)dB(t)$$

$$W(0) = w_0 \tag{5.1}$$

其中，μ 和 σ 分别为工资的期望增长率和波动率；$B(t)$ 为概率空间 $(\Omega, \mathfrak{I}, \{\mathfrak{I}_t\}_{t \geq 0}, P)$ 上的标准布朗运动。其中，$\mathfrak{I}_t$ 为 t 时刻的信息结构；w_0 为初始工资，即参保者加入养老金计划时的工资水平。

最初的 DC 型养老金计划出于安全考虑，账户积累额仅投资于无风险的国债和银行存款。经验表明，这将无法提供能保证购买力需求的养老金给付，同时也会降低参保者福利。目前，DC 型养老金在积累期可以投资于无风险资产，也可以投资于股票等风险资产。参保者或基金管理者可以通过动态地调整两者的配置比例，实现最优的资金累积效果。其中，资产配置比例是重要的控制变量。传统的养老金最优资产配置问题是在默顿的多时期资产配置问题框架下进行研究的；同时，将全体参保者作为整体进行研究。这存在两方面的问题，一方面需要对参保者的年龄结构稳定性做假设，才可以较好地估计参保者整体的给付需求；另一方面，优化目标中要求积累期各个时点的总体积累额满足上述给付需求，这对养老金管理的中间环节加入了过多的约束。本节对 DC 型养老金个人账户积累额的变动情况进行建模，有效地避免了上述问题。

（1）建立离散时间的养老金个人账户积累额 $Y(t)$ 变动满足的方程。式 (5.2) 各项分别表示投资收益、缴费效应以及生存者利益对个人账户积累额的影响：

$$Y\left(t + \frac{1}{n}\right) = \left\{Y(t)\left[1 + \pi \frac{S_1\left(t + \frac{1}{n}\right) - S_1(t)}{S_1(t)} + (1 - \pi)\frac{S_0\left(t + \frac{1}{n}\right) - S_0(t)}{S_0(t)}\right]\right.$$

$$\left. + cW(t)\frac{1}{n}\right\}\frac{1}{1 - \frac{1}{n}q_{x_0 + t}} \tag{5.2}$$

其中，n 为足够大的自然数，即 $1/n$ 为无穷小量；π 为在风险资产上的配置比例，为重要的控制变量，π 的可行域为 $\pi \in (-\infty, +\infty)$。这意味着卖空风险资产和无风险资产都是允许的，这与养老金管理实践有一定差异。但是，如果对资产配置比例加以约束，模型变为带约束的时间不一致下的控制优化问题。这类控制优化问题是非常难解决的，且无法获得解析解。为了得到更为清晰的解析形式最优解，我们放宽了控制变量的可行域。$S_0(t)$ 和 $S_1(t)$ 分别为无风险资产和风险资产在 t 时刻的价格；c 为缴费比例，即用于参保养老金的当期工资的比例。$\frac{1}{n}q_{x_0+t}$ 为精算符号，表示 x_0+t 岁生存的人，在未来的 $1/n$ 时间内死亡的概率；x_0 为参保者加入养老金计划时的年龄，即 0 时刻的年龄。公式（5.2）的最后一项为生存者利益，即将所有 x_0 岁参保者作为一个群组，在 t 时刻所有生存者的账户积累总额将在 $t+1/n$ 时刻的所有生存者中平均分配，期间死亡者无遗产。

利用寿险精算的转换关系和泰勒展开，对式（5.2）做以下近似，有以下公式成立：

$$Y\left(t+\frac{1}{n}\right)=Y(t)\left[1+\pi\frac{S_1\left(t+\frac{1}{n}\right)-S_1(t)}{S_1(t)}+(1-\pi)\frac{S_0\left(t+\frac{1}{n}\right)-S_0(t)}{S_0(t)}\right]$$

$$+cW(t)\frac{1}{n}+Y(t)\lambda(x_0+t)\frac{1}{n}+o\left(\frac{1}{n}\right) \tag{5.3}$$

为了模型的简化，这里选用恒定死亡力模型。即在任意时刻 t，有 $\lambda(x_0+t)\equiv\lambda$。本书将研究人口老龄化对养老金管理策略的影响，即考虑在死亡力发生变化时，对相应策略的影响。这需要将死亡力作为可变参数，这是棣莫弗（De Moivre）等模型无法实现的。因此，选用了恒定死亡力模型。值得注意的是，恒定死亡力模型无法反映瞬时死亡概率随时间的变化趋势，这会对模型的结论造成一定影响。

为了将式（5.3）中的离散时间模型转化为连续时间模型，对风险资产和无风险资产的价格变动做以下假设：

$$dS_1(t)=\mu_1 S_1(t)dt+\sigma_1 S_1(t)dB_1(t)$$

$$dS_0(t)=rS_0(t)dt \tag{5.4}$$

其中，μ_1 和 σ_1 分别为风险资产的期望收益率和波动率；r 为无风险资产的收益率；$B_1(t)$ 为概率空间 $(\Omega,\Im,\{\Im_t\}_{t\geqslant 0},P)$ 上的标准布朗运动。由于工资与风险资产价格的变动都受到经济状况等因素的影响，两者存在一定的相关性，且一般为正相关，即假设 $cov(B(s),B_1(t))=\rho(s\wedge t)$，其中，$\rho > 0$ 为相关系数。

将式（5.4）代入式（5.3），便可得到 DC 型养老金个人账户积累额变动满足的连续时间随机微分方程：

$$dY = Y[\pi(\mu_1 - r) + r + \lambda]dt + cWdt + Y\pi\sigma_1 dB_1(t)$$

$$Y(0) = y_0 \tag{5.5}$$

（2）基于连续时间的随机账户积累额变动模型式（5.5），我们研究 DC 型养老金积累期的优化目标问题。受恩威拉和杰勒德（2007）的启发，我们预先设定养老金积累期结束时的积累额期望值，并将实际积累额与预期积累额的二次偏差最小化作为优化控制目标。此类优化控制目标兼顾了风险与收益的管理需求，非常符合养老金管理实践的优化目标。本节建立了个人账户积累额的变动模型，无须在优化目标中对积累期各个时点的积累额加以控制，只需对积累期结束时的积累额进行控制。这减少了对中间环节的约束，给积累初期的参保者和基金管理者更大的资产配置灵活度。

工资替代率是评价养老金管理绩效的重要指标。我们希望养老金的给付能够达到退休当期工资的一定比例。为了简化模型，假设养老金积累期结束后，将积累额用于购买生存年金，并按照相关的精算规则进行给付。此外，由于参保者对实际积累额与预期积累额间的正向和负向偏差的偏好是不同的，通过添加负的一次偏差项体现对正向偏差的偏好和对负向偏差的厌恶。

（3）综上所述，养老金管理者和参保者的优化目标 $V(y,w,t)$ 有以下表达式：

$$V(y,w,t) = \min_{\pi \in \Pi} \{J(\pi,y,w,t)\}$$

$$= \min_{\pi \in \Pi} \{E_{(\pi,y,w,t)} e^{-rT} {}_T p_{x_0} [(Y(T) - pW(T)\ddot{a}_{x_0+T})^2$$

$$- \alpha(Y(T) - pW(T)\ddot{a}_{x_0+T})]\} \tag{5.6}$$

其中，Π 为容许的策略集 $\Pi = \{\pi : \pi \in (-\infty, +\infty)\}$；$J(\pi,y,w,t)$ 为在策略 π 下的目标效用函数；T 为积累期结束的时间；${}_T p_{x_0}$ 为精算符号，表示在 x_0 岁参保的人在 $x_0 + T$ 岁仍然存活的概率；p 为目标工资替代率，即养老金给付对积累期结束时当期工资的替代比例；$\ddot{a}_{x_0+T}$ 为精算符号，表示

$x_0 + T$ 岁的人的 1 单位元生存年金的精算现值；α 为权重系数，度量养老金管理者和参保者对正向偏差的偏好程度。

5.3　随机优化问题的解

通过以上建模和近似，DC 型养老金的最优资产配置问题转化为式 (5.5) 和式 (5.6) 的连续时间动态控制与优化问题。下面将通过 HJB 变分方法求解上述控制与优化问题。

利用 HJB 变分方法与理论，值函数 $\varphi(y,w,t)$ 满足以下方程：

$$\varphi_y\{[\pi(\mu_1 - r) + r + \lambda]y + cw\} + \varphi_u\mu w + \varphi_t + \frac{1}{2}\varphi_{yy}\pi^2\sigma_1^2 y^2$$

$$+\frac{1}{2}\varphi_{ww}\sigma^2 w^2 + \varphi_{yw}\pi\sigma\sigma_1\rho yw = 0 \tag{5.7}$$

其边值条件为：

$$\varphi(y,w,T) = e^{-rT}{}_T p_{x_0}\left[(Y(T) - pW(T)\ddot{a}_{x_0+T})^2 - \alpha(Y(T) - pW(T)\ddot{a}_{x_0+T})]\right\}$$

$$\tag{5.8}$$

由于式 (5.7) 在最优策略 π 下取极值，将式 (5.7) 对 π 求导，并令导数等于 0，得到最优策略 π^* 的反馈函数 π_* 有以下表达式：

$$\pi_* = \frac{\varphi_y(r - \mu_1) - \varphi_{yw}\sigma\sigma_1\rho w}{\varphi_{yy}\sigma_1^2 y} \tag{5.9}$$

观察边值条件式 (5.8)，我们猜测 $\varphi(y,w,t)$ 具有以下形式：

$$\varphi(y,w,t) = e^{-rt}e^{-\lambda t}q(t)[y^2 + l(t)y + m(t)yw + n(t)w + j(t)w^2 + k(t)] \tag{5.10}$$

其中，$q(t)$、$l(t)$、$m(t)$、$n(t)$、$j(t)$、$k(t)$ 均为关于 t 的待定函数，且边值条件为：

$$q(T) = 1, \; l(T) = -\alpha, \; m(T) = -\frac{2p}{\lambda + r}, \; n(T) = \frac{\alpha p}{\lambda + r}, \; j(T) = \frac{p^2}{(\lambda + r)^2}, \; k(T) = 0$$

$$\tag{5.11}$$

将式（5.10）代入式（5.9），此反馈函数 π_* 有以下形式：

$$\pi_* = \frac{(2y + l + mw)(r - \mu_1) - m\sigma\sigma_1\rho w}{2\sigma_1^2 y} \tag{5.12}$$

可见，反馈函数为积累额水平 y、工资水平 w 和时间 t 的函数。其中，积累额 y 的确定依赖反馈函数 π_* 的形式，后面将研究 y 的确定方法；w 为外生的过程；l、m 为式（5.10）中的待定函数，都为 t 的函数；w 为工资水平；r 为无风险利率；μ、σ 分别为工资增长率的期望值和波动率；μ_1、σ_1 分别为风险资产收益率的期望值和波动率；ρ 为工资过程与风险资产价格过程的相关系数。

将式（5.12）代入式（5.7），并将 y^2 的系数取为 0，则有：

$$q'(t) + \left(r + \lambda - \frac{(\mu_1 - r)^2}{\sigma_1^2}\right)q(t) = 0 \tag{5.13}$$

解式（5.13），且利用边值条件式（5.11），得到：

$$q(t) = e^{-\left(r + \lambda - \frac{(\mu_1 - r)^2}{\sigma_1^2}\right)(t - T)}$$

将式（5.12）代入式（5.7），将 yw 的系数取为 0，利用边值条件式（5.11），同时利用式（5.13），则有：

$$m'(t) + \left(\mu - \frac{\sigma\rho(\mu_1 - r)}{\sigma_1} - r - \lambda\right)m(t) + 2c = 0$$

求解上述常微分方程，得到：

$$m(t) = e^{-N(t - T)}\left(\frac{2c}{N} - \frac{2p}{\lambda + r}\right) - \frac{2c}{N}$$

其中，$N = \mu - \dfrac{\sigma\rho(\mu_1 - r)}{\sigma_1} - r - \lambda$。

类似地，将式（5.12）代入式（5.7），将 y 的系数取为 0，利用边值条件式（5.11）和式（5.13），则有：

$$l'(t) - (\lambda + r)l(t) = 0$$

其解为：

$$l(t) = -\alpha e^{(\lambda + r)(t - T)}$$

同样地，将式（5.12）代入式（5.7），将 w、w^2 和常数项的系数分别取为 0，可分别得到 $n(t)$、$j(t)$ 和 $k(t)$ 满足的常微分方程，然后通过求解这些方程，可分别得到 $n(t)$、$j(t)$ 和 $k(t)$ 的解析解。但由于 $n(t)$、$j(t)$ 和 $k(t)$ 与最优策略的反馈函数 π_* 无关（参见式（5.12）），这里我们略去其求解过程。

将最优反馈函数 $\pi_*(y, w, t)$ 代入随机微分方程式（5.5），同时相应地将 y 和 w 换为 $Y(t)$ 和 $W(t)$，其中 $W(t)$ 为由随机微分方程式（5.1）决定的外生过程。利用利翁（1984）的结果，随机微分方程式（5.5）存在唯一解 $Y_*(.)$，它是随机控制问题式（5.5）和式（5.6）的最优状态过程。进而，利用厄克森达尔和萨利姆（ΦKsendal and Sulem，2005）相似的过程，可以证明随机最优控制问题式（5.5）和式（5.6）的验证定理。最优的资产配置策略 $\pi^*(t)$ 是最优反馈函数 $\pi_*(y, w, t)$ 和最优状态过程 Y_* 及 W 的复合，即：

$$\pi^*(t) = \pi^*(y_0, w_0, t) = \pi_*(Y_*(y_0, w_0, t), W(t), t)$$

$$= \frac{\left[2Y_*(y_0, w_0, t) + l + mW(t)\right](r - \mu_1) - m\sigma\sigma_1\rho W(t)}{2\sigma_1^2 Y_*(y_0, w_0, t)} \quad (5.14)$$

可见，最优控制策略 $\pi^*(t)$ 是积累额水平 $Y_*(y_0, w_0, t)$，工资水平 $W(t)$ 和时间 t 的函数。其中 $Y_*(y_0, w_0, t)$ 为微分方程式（5.5）确定的积累额过程的唯一解。显然，$Y_*(y_0, w_0, t)$ 依赖于积累额初始值 y_0，且由于其依赖于最优反馈函数的形式，故间接依赖于工资过程的初始值 w_0。$W(t)$ 为外生过程，可以通过求解随机微分方程式（5.1）确定。

综上所述，可以得到 $n(t)$、$j(t)$ 和 $k(t)$ 的解析解，控制优化问题式（5.5）和式（5.6）的最优函数 $V(y, w, t)$ 为式（5.10）中的 $\varphi(\pi^*(t), y, w, t)$。这里 y 和 w 应理解当时间为 t 时，分别由随机方程式（5.5）和式（5.1）唯一决定的状态过程 $Y_*(y_0, w_0, t)$ 和 $W(t)$。

5.4 经济意义分析

下面，将利用蒙特卡罗方法进行模拟分析。本节研究缴费比例、目标替代率、人口老龄化程度和正向偏差的偏好程度对最优资产配置策略的影响。首先，对蒙特卡罗方法的具体方案做简要介绍。确定初始参数后，计算由式（5.14）确定的最优资产配置比例，作为下一期的投资比例。以此为基础，按照相关系数 ρ 生成一对满足正态过程的随机数，并按照式（5.5）和式（5.1）分别计算本期的账户积累额和工资水平。以此迭代生成并计算积累期各个时点的最优资产配置比例。将上述过程重复 10 000 次，并计算平均值，得到有参考价值的最优资产配置策略随时间变化的规律。

参数的确定遵循以下原则。由于美国的养老保障体系以 DC 型养老金为主，本节的资本市场和养老金相关数据力求与美国的实际数据有可比性，即为同量级。由于养老金的积累期长达数十年，相关结果对缴费比例、目标工资替代率等指标是比较敏感的。如果选择混合养老金模式的国家进行研究，这些参数的取值范围都是比较难以估计的，因此，我们选用以 DC 模式为主要的养老金来源国家的数据进行测算，是有一定的经济意义的。

同时，本节的参数假设参考了维尼亚和哈伯曼（2001）以及何和梁（2015）的假设。根据美国一年期国债利率，假设无风险利率 $r = 0.02$。根据标普 500 股票指数，确定风险资产的期望收益率和波动率分别为 $\mu_1 = 0.08$、$\sigma_1 = 0.36$。根据美国劳工部关于社会平均工资的统计结果，假设工资的期望增长率和波动率分别为 $\mu = 0.03$、$\sigma = 0.06$；同时，得到工资与风险资产价格的相关系数为 $\rho = 0.2$。假设参保者加入养老金计划的初始年龄为 $x_0 = 25$，退休年龄为 60 岁，即积累期持续时间为 $T = 35$。假设工作期缴费比例为当期工资的 25%，并预期退休当月领取的养老金可以实现 70% 的工资替代率，即 $c = 0.25$、$p = 0.7$。由于 DC 型养老金是美国主要的养老金来源，该假设是合理的。在中国，由于 DC 型养老金为社会统筹的现收现付制养老金的有效补充，其缴费比例和目标替代率都会大幅降低。此外，假设参保时账户积累为 $y_0 = 1$（万元），当期工资为 $w_0 = 3$（万元）。α 为权重系数，度量对正向偏差的偏好程度和对负向偏差的厌恶程度。由于积累期结束时实际与预期积累额有较大的二次偏差，将一次偏差的权重系数选取较大值 $\alpha = 5$，以体现对正、负向偏差的不同态度。最后，为了模型的简化和研究死亡力变化对养老金策略的影响，选取了恒定死亡力模型。在本研究中，死亡力与积累期的生存者利益以及退休时的预期积累额有关，因此，选取 $\lambda = 0.03$，兼顾了两部分年龄的死亡力情况。

（1）研究缴费比例对最优资产配置策略的影响。缴费比例为在养老金积累期的工资上缴比例。由于积累期长达数十年，缴费比例极大地影响着养老金的积累额，并间接影响着风险资产和无风险资产的配置比例。根据国际经验，以 DC 型养老金为主要养老金来源的国家，参保者能承受的缴费比例为 $15\% \sim 30\%$。这里，选取的缴费比例为 $c = 23\%$、24%、25%、26%。

图 5 - 1 显示，缴费比例 c 对在风险资产上的最优投资比例 $\pi^*(t)$ 有负向影响。缴费比例降低 1%，在风险资产上的最优投资比例有接近 30% 的增幅。最优资产配置策略对缴费比例的变动是非常敏感的。虽然缴费比例变化较小，但通过数十年的积累效应，对结束时积累额的影响是巨大的。为了消除缴费不足对积累额的影响，只能在积累初期加大对风险资产的投资比例，通过承担风险获得收益，以保障退休后较高的养老金给付能力。

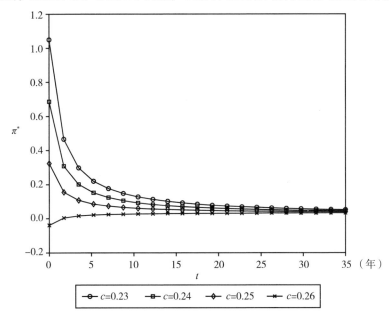

图 5 - 1　缴费比例 c 对风险资产的最优投资比例 $\pi^*(t)$ 的影响

注：$r = 0.02$，$\mu_1 = 0.08$，$\sigma_1 = 0.36$，$\mu = 0.03$，$\sigma = 0.06$，$\rho = 0.2$，$x_0 = 25$，$T = 35$，$p = 0.7$，$y_0 = 1$，$w_0 = 3$，$\alpha = 5$，$\lambda = 0.03$。

这与传统的默顿的结论是相悖的。默顿模型中，风险承受能力是与资产水平成正比的，即资产水平越高，风险承受能力越高。而本节的结论是相反的，即积累的资产越少，反而风险承受能力越高。此结论是由目标函数的特殊形式决定的。由于本节目标函数的经济含义为希望实际与预期积累额的偏差最小，当前期积累不足时，只能被迫承受风险，以提高后期的积累能力，实现最小化偏差的效果。

（2）研究目标工资替代率对最优资产配置策略的影响。工资替代率是退休时养老金给付对当期工资的替代率，是评价养老金管理绩效的重要指标。根据国际经验，养老金实现的工资替代率达到 60% 以上，可以较好地满足购买力的需求，实现较高的养老效果。这里选取的目标工资替代率为 $p = 67.5\%$ 、70% 、72.5% 、75% 。

图 5 - 2 显示，目标工资替代率 p 对风险资产的最优投资比例 $\pi^*(t)$ 有正向影响。目标替代率升高 2.5% ，风险资产的最优投资比例有接近 40% 的增幅。本节模型假设退休时个人账户积累额全部用于购买生存年金，并

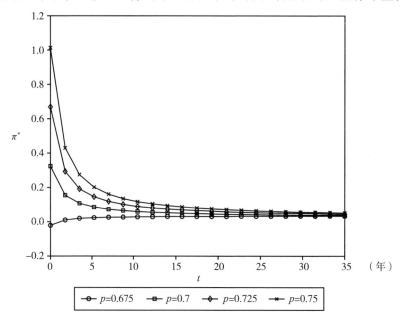

图 5 - 2　目标工资替代率 p 对风险资产的最优投资比例 $\pi^*(t)$ 的影响

注：$r = 0.02$ ，$\mu_1 = 0.08$ ，$\sigma_1 = 0.36$ ，$\mu = 0.03$ ，$\sigma = 0.06$ ，$\rho = 0.2$ ，$x_0 = 25$ ，$T = 35$ ，$c = 0.25$ ，$y_0 = 1$ ，$w_0 = 3$ ，$\alpha = 5$ ，$\lambda = 0.03$ 。

按照相应的精算规则进行养老金给付。因此，该目标工资替代率会影响整个给付期的养老金水平，对资产配置比例的影响较为敏感。当目标替代率较高时，代表对养老水平有较高需求的参保者，他们需要提高在风险资产上的投资比例，通过承担风险提高积累效果，实现更高的工资替代率。目标工资替代率与缴费比率是两个相互联系的变量，参保者和养老金管理者应该选择相适应的目标替代率和缴费比率，使得资产配置策略保持在风险可控又能分享资本市场成长性的水平上。

（3）研究人口老龄化程度对最优资产配置策略的影响。人口老龄化对养老金体系造成了重大冲击，是世界各国养老保障体系面临的主要挑战。人口老龄化意味着更少的缴费群体和更多的领取养老金的群体，对现收现付养老金体系的冲击是显而易见的。为了应对人口老龄化对现收现付体系的挑战，多将 DC 型的个人累积制养老金作为有效的补充。但是，DC 型养老金的管理策略也会受到人口老龄化的影响，需要制定合适的资产配置策略来实现较高的养老效果。我们通过降低死亡力来模拟人口老龄化程度的加剧，这里选取的死亡力为 $\lambda = 0.028$、0.029、0.03、0.031。

图 5 - 3 显示，死亡力 λ 对风险资产的最优投资比例 $\pi^*(t)$ 有负向影响，即人口老龄化程度对风险资产的最优投资比例 $\pi^*(t)$ 有正向影响。人口老龄化程度从两个方面影响 DC 型养老金的最优管理策略。一方面，生存的参保者会获得生存者利益。当人口老龄化程度加剧时，积累期死亡人数降低，生存参保者可以获得的生存者利益降低，这降低了个人账户的积累额。另一方面，优化目标为积累期结束时实际积累额与预期积累额的偏差最小化。预期积累额是按照生存年金给付的精算现值。参保者生存期限的延长会增加生存年金的精算现值，从而提高预期积累额。这都需要参保者和养老金管理者提高在风险资产上的配置比例，通过增加积累额来对冲上述不利影响。

（4）研究正向偏差的偏好程度对最优资产配置策略的影响。与一般的资产管理追求收益最大化的目标不同，养老金管理的第一目标是安全性，其次为收益性。因此，将积累期结束时的实际积累额与预期积累额的二次偏差最小化作为优化目标。为了区别对正向和负向偏差的不同偏好，在优化函数中加入了负的一次偏差项。权重系数 α 越大，对正向偏

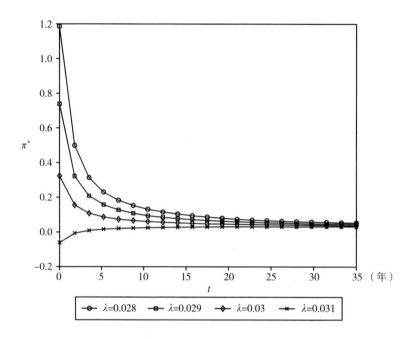

图 5 - 3 死亡力 λ 对风险资产的最优投资比例 $\pi^*(t)$ 的影响

注：$r = 0.02$，$\mu_1 = 0.08$，$\sigma_1 = 0.36$，$\mu = 0.03$，$\sigma = 0.06$，$\rho = 0.2$，$x_0 = 25$，$T = 35$，$c = 0.25$，$p = 0.7$，$y_0 = 1$，$w_0 = 3$，$\alpha = 5$。

差的偏好和对负向偏差的厌恶程度越高。这里，选取的权重系数为 $\alpha = 2.5$、5、7.5、10。

图 5 - 4 显示，正向偏差偏好程度 α 对风险资产的最优投资比例 $\pi^*(t)$ 有正向影响，即对正向偏差的偏好和对负向偏差的厌恶程度增大时，参保者和养老金管理者会增大在风险资产上的配置比例。通过承担风险获得收益，增加养老金积累额，以实现更大的正向偏差，增加参保者的养老效用。当参保者对收益性的要求增加时，其风险承受能力相应提高。

（5）以上模拟分析结果显示：风险资产的最优配置比例随时间变化有收敛的趋势。在最初的 10 ~ 15 年内，风险资产的最优投资比例因初始参数的不同而有较大的差异；在后面的时间内，风险资产的配置比例逐步收敛到 10% 以内的水平。这与养老金的管理实践经验高度一致。在积累额不足时，初期采用激进的资产配置方案，通过承担风险提升积累潜力；随着积累额的上升，后期已经不需要再承担大的风险，保持稳健的投资即可满足

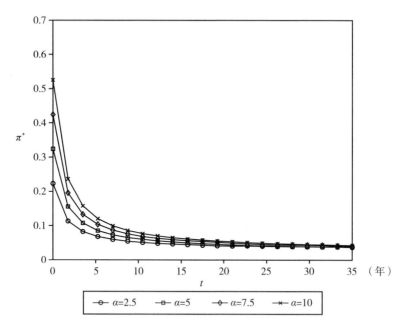

图 5-4 正向偏差偏好程度 α 对风险资产的最优投资比例 $\pi^*(t)$ 的影响

注：其中，$r=0.02$，$\mu_1=0.08$，$\sigma_1=0.36$，$\mu=0.03$，$\sigma=0.06$，$\rho=0.2$，$x_0=25$，$T=35$，$c=0.25$，$p=0.7$，$y_0=1$，$w_0=3$，$\lambda=0.03$。

期末积累额的要求；反之亦然。这对养老金管理有重要的参考价值。我们可以通过初期养老金投资的积极管理，规避后期过多承担资本市场波动的风险。本节建立的养老金管理模型是非常稳健和具有实操性的。

通过研究最优资产配置策略，结果表明积累期缴费率对在风险资产上的配置比例有负向影响，目标工资替代率对在风险资产上的配置比例有正向影响。此结论的本质为积累额不足时，需要采用更为激进的投资策略，通过承担风险获得收益，以实现预期的养老金给付水平。参保者和养老金管理者应该选择相适应的目标替代率和缴费比率，使得资产配置策略保持在风险可控又能分享资本市场成长性的水平上。人口老龄化程度对在风险资产上的配置比例有正向影响。人口老龄化的加剧减少了生存者利益，同时增加了潜在的给付预期，这都需要承担更大的风险，以提高个人账户积累额。正向偏差的偏好对在风险资产上的配置比例有正向影响。对养老金收益性更为重视的参保者有更大的风险承受能力。最后，研究发现，DC

型养老金的最优资产配置策略随时间有显著的收敛趋势。参保者可以通过初期养老金投资的积极管理,规避后期过多承担资本市场波动的风险。

本节为了考虑人口老龄化对养老金资产配置策略的影响,需要将死亡力作为可变参数。同时,为了模型的简化以及获得解析解,我们将死亡力模型选取为恒定死亡力模型。值得注意的是,恒定死亡力模型无法反映瞬时死亡概率随年龄的变化,会对模型造成一定影响。在数值分析部分,死亡力赋值考虑了整个养老金周期的平均死亡力,这高估了积累初期的死亡力水平,低估了养老金给付期的死亡力水平。这导致积累期的生存者利益和预期给付水平均被高估,而后者的影响是主要的。因此,在实际的养老金管理中,积累额和预期给付水平都低于模型值。而预期给付水平的大幅降低,将增加在无风险资产上的投资,以及养老金管理的稳健性。

养老金的积累期长达数十年,其最优资产配置策略对缴费比例、目标工资替代率等指标是比较敏感的。而如果选择混合养老金模式的国家进行研究,这些可变参数的取值范围是比较难以估计的,因此,我们选用以DC 模式为主要的养老金来源的美国数据进行测算。我国的养老保障体系由三大支柱构成:社会基本养老金、企业年金和商业养老金。其中,社会基本养老金的个人账户积累部分、企业年金和商业养老金可以视为 DC 型养老金。由于现收现付模式的社会基本养老金是我国养老金的主要来源,因此,DC 型养老金的缴费比例和预期实现的目标替代率都会低于美国,并且不同参保者的缴费能力和养老目标是异质的。模型中的外生参数部分,我国与美国也存在较大不同。我国的经济增速较美国更高,因此工资增长率远高于美国,复合年化增长率在 10% 左右。此外,由于我国资本市场的发展还不够完善,风险资产呈现回报率相对较低且波动性较强的特点,并且工资增长率与风险资产回报率的相关性也较低。以上外生参数的变化,以及可变参数取值范围的异质性,都会对我国养老金策略的选择造成影响。因此,需要对我国 DC 型养老金管理实践做进一步的测算。

第 6 章

带有保费返还机制的养老金管理问题

6.1 研究背景

本章研究 DC 型养老金积累期的最优资产配置问题。一般地，养老金参保者在工作期不断向账户缴纳保费，并通过专业管理机构的投资运营，实现保值和增值，以期获得较高的养老效果。DC 型养老金为缴费确定、给付不确定的养老金模式。在积累期，参保者定期缴纳确定的费用作为保费，积累于个人账户。管理者将个人账户资金归集管理，并用于在固定收益类资产和权益类资产上的投资。固定收益资产的回报率较低，但是风险较小；权益类资产的投资回报率较高，但是风险较大。如何权衡在两者上的投资比例，以满足获得收益和控制风险的要求，是资金管理者面临的重要挑战。在实际中，为了保护早亡者的利益，一般约定保费返还条款，即在养老金积累期死亡的参保者，可以由受益人领取缴纳的全部保险费，或者按照一定利率计算的保险费的累积值。简化起见，我们研究的保险费返还机制中，不考虑货币的时间价值因素。当参保者死亡时，其获得缴纳的所有保费，这一返还值可能与其账户余额不等，返还值超出或者低于账户余额的部分将在所有存活者中间平分。从存活者的角度来看，当退休时，他们希望最大化账户资金余额，并减小不确定性，即最小化余额变动的波动性。我们将此类问题转化为连续时间随机最优控制问题。养老金管理者通过选择合适的资产配置策略，实现存活者养老金账户余额的 M – V 效用的最大化。M – V 效用同时兼顾了参保者对风险和收益的要求，非常有实际意义。通过 HJB 变分方法，我们建立了最优的资产配置策略，以及参保者积累期末账户余额的收益—风险有效边界。此外，比较了存在和不存在保费返还机制条款的养老金计划之间的最优策略的差异。为了研究养老金资产配置策略随时间的演化规律，我们将利用蒙特卡罗方法模拟养老金管理者在数十年间的最优资产配置策略。最后，将通过数值模拟方法讨论风险厌恶程度系数对最优策略的影响。

DC 型养老金在养老保障体系中扮演了重要的角色。随着人口结构的改变和资本市场的发展，DC 型养老金已经成为主流的养老金管理模式。随着人口老龄化成为世界性问题，现收现付制的社会统筹养老保险无以为继，更多的人需要参加商业养老保险以满足退休后的基本生活需要。近年来，DC 型养老金发展迅速，在养老金市场上占据半壁江山，成为养老金市场的主流模式。一方面，DC 型养老金的风险是由参保者承担的，管理者仅承担投资管理和方案设计的职能，因此，管理者只收取少量的管理费用，不存在其他的利润要求，这对于参保者而言，是较低的缴费成本，易于接受，双方易于达成协议。另一方面，DC 型养老金的支取完全取决于账户积累的资金，其转换机制灵活。当然，由于 DC 型养老金的参保者和管理者之间形成了委托—代理关系，这不可避免地形成了委托—代理问题，即管理者可能并非为参保者的利益最大化服务，这也是养老金投资管理中常见的投资利益输送等问题的成因。不过，由于受到同行业绩比较的约束，管理者为参保者提供的养老效用要超过同行水平才能吸引更大规模的参保者，实现更高的管理费收入。

在 DC 型养老金计划中，参保者在工作期定期向账户缴纳一定的保险费，这部分资金积累于个人账户，并通过管理者用于资本市场的投资，以获得资金的保值和增值。当参保者退休时，个人账户的资金会每个月向参保者进行给付，但实际给付的水平是不能事先预知的。养老金的实际给付水平取决于死亡风险、通货膨胀情况，以及投资的效率。其中，由于人的死亡和生存规律可以通过统计规律很好地预测，在假设参保者众多的情况下，死亡风险可以通过大数定律很好地分散，是不存在随机性的。可见，DC 型养老金的实际给付情况主要受投资绩效的影响，即如何动态地调整在两类资产上的投资比例，以获得最大程度的资金增值，是养老金管理者面临的最大挑战。本章我们将研究养老金积累期的最优资产配置方案。养老金积累期持续参保者的整个工作期，其时间复利效应是非常惊人的。好的养老金管理方案可以实现非常高的养老效果。

DC 型养老金的资产配置策略问题是实务界和理论界都关注的重要问题。许多研究文献在这方面有贡献。凯恩斯（2000）、巴托基奥和梅农辛（2004）研究了 DC 型养老金管理中的连续时间随机最优控制问题。布利耶、黄和泰拉德（2001）研究了随机利率条件下的 DC 型养老金的最优资产配置问题。

考虑到目标函数的形式，主要有两类常用的效用函数。一类为最大化积累期末的账户余额；另一类为在积累期末账户的余额与波动性间寻找平衡，即最大化账户积累额的同时，最小化积累额的波动性。前一种目标函数包含三种效用函数：CRRA 效用函数、CARA 效用函数和二次损失函数。研究 CRRA 效用的文献有凯恩斯、布莱克和多德（2006），以及高（2008），他们的研究选择了幂次和对数效用作为目标函数。研究 CARA 效用函数的文献有德沃尔代、博施和多明格斯（2003），以及巴托基奥和梅农辛（2004），他们选择指数效用函数作为目标函数。在 DC 型养老金的积累阶段，后一种目标函数主要包括 M－V 效用和 Var 模型。M－V 效用是从马科维茨（1952，1987）的投资组合理论起源的，其讨论了在收益—风险二维效用下的单期最优资产配置问题。理查森（1989）、巴热－贝奈努和波泰特（1998）以及周和李（2000），将上述单期的 M－V 问题拓展至连续时间模型，并获得了有效边界的形式。

研究 DC 型养老金的最优控制策略问题的文献有哈贾德和维尼亚（Hφjgaard and Vigna，2007）。维尼亚（2009）比较了 CARA、CRRA 和 M－V 效用下的最优策略在 M－V 意义下的有效性，研究了 Var 模型等同于在保证最小账户余额的条件下，最大化积累期末的账户余额。在本章研究中，参保者的目标为最大化积累期结束时的账户余额，同时最小化余额的波动性。我们选择 M－V 效用函数来描述对风险与收益的平衡，问题将转化为连续时间的随机最优控制问题。养老金的管理者需要选择合适的、动态的投资策略，即在固定收益类资产和权益类资产上的配置比例，来实现参保者退休时的 M－V 效用的最大化。

本章我们研究带有保费返还条款的 DC 型养老金的最优控制问题。为了保障在积累期早亡参保者的利益，多数 DC 型养老金计划带有保费返还条款。在此种精算条款下，早亡的参保者可以领取其缴纳的所有保费，这部分返还保费可能高于或低于其账户的资金余额。如果前期投资情况欠佳，可能导致账户余额低于返还保费的情况；相反，如果前期投资获得较好的收益，可能账户余额高于返还保费的情况。根据养老金精算原理，保费返还额与账户余额的差距将在所有生存者中间进行平分，这表明生存者将承担保险管理者投资失利的风险。本章的一个主要贡献即为将上述精算规律考虑到我们的模型中。

布莱克、凯恩斯和多德（2003）以及米列夫斯基和罗宾逊（2000）将上述精算规律建立到离散的 DC 型养老金管理模型中。借鉴这些论文的想法，我们将保费返还机制的精算规律建立到连续时间的养老金管理模型中。利用 HJB 变分方法，我们建立了在固定收益类资产和权益类资产上的配置比例，以及参保者能够实现的收益—风险有效边界。本章首次建立了带有保费返还机制的个人养老金参保者账户资金变动的方程及其 M – V 效用函数，并将此问题近似为连续时间的随机控制优化模型，结果对理论和实务研究都有较大的贡献。最后，还将利用蒙特卡罗方法比较有无保费返还机制的养老金计划最优管理策略的异同。

6.2　带有保费返还的养老金管理问题建模

本节我们研究带有保费返还机制的 DC 型养老金计划在积累期的最优资产配置问题。在 DC 型养老金计划中，参保者定期缴纳确定金额的保险费，并积累于个人账户中。这里假设单位时间缴纳的保费为 P，为事先确定的常数。积累期将跨越参保者整个工作期。假设积累期从参保者年龄为 ω_0 开始，持续到年龄为 $\omega_0 + T$ 结束。可见，积累期持续 T 年。在此期间，收取的保费将用于在固定收益类资产和权益类资产上的投资，以获得养老金的保值和增值。在权益类资产上的投资比例为 π，其余的比例 $1 - \pi$ 用于固定收益类资产的投资，这是资金管理层重要的控制变量。管理层需要动态地选择合适的资产配置策略，实现风险与收益的权衡，达到更高的养老效用。当养老金参保者退休时，他将从个人账户积累的余额中获得养老金给付。为了保护早亡参保者的利益，多数养老金计划带有保费返还条款，即在积累期死亡的参保者可以获得前期缴纳的所有保费，或者按照一定利率计算的保费积累值。由于积累期投资的绩效不同，返还值可能超过或者低于账户实际的积累值，这部分差距将在所有生存者中间平均分配。为了简单起见，仅考虑返还前期缴纳的所有保费的情况。在模型中，$\frac{1}{n}q_{\omega_0+t}$ 为从时间 t 到时间 $t+\frac{1}{n}$ 的死亡概率。$t\mathrm{P}$ 为时间 t 积累的保费。因此，返还给在时间 t 到 $t+\frac{1}{n}$ 之间死亡的参保者的保费为 $t\mathrm{P}\frac{1}{n}q_{\omega_0+t}$。在返还保费后，返还值与账户积累值之间的差距在所有生存者中间平分。

（1）建立个人账户积累值 $X(t)$ 满足的方程。考虑时间间隔为 $\frac{1}{n}$ 的情况：

$$X\left(t+\frac{1}{n}\right)=\left(X(t)\left(\pi\frac{S^1_{t+\frac{1}{n}}}{S^1_t}+(1-\pi)\frac{S^0_{t+\frac{1}{n}}}{S^0_t}\right)+\mathrm{P}\frac{1}{n}-a\mathrm{P}t\frac{1}{n}q_{w_0+t}\right)\frac{1}{1-\frac{1}{n}q_{w_0+t}}$$

$$(6.1)$$

其中，S^1_t 和 S^0_t 分别为权益类资产和固定收益类资产在时刻 t 的价格；π 为在权益类资产上的投资比例，是资金管理层重要的控制变量。管理层需要动态地选择合适的资产配置策略，实现风险与收益的权衡，达到更高的养老效用。$\frac{1}{n}q_{\omega_0+t}$ 为一个精算符号，表示在 ω_0+t 岁存活的人在未来的 $\frac{1}{n}$ 时间内死亡的条件概率。为了比较带有和不带有保费返还机制的养老金计划的最优资产配置策略的异同，这里引入参数 a。当 $a=1$ 时，参保者在积累期死亡时会得到前期缴纳保费的返还；当 $a=0$ 时，早亡者不会得到任何保费返还。公式（6.1）中的最后一项表示分配效应，即由于投资的绩效不同，返还值可能超过或者低于账户实际的积累值，这部分差距将在所有生存者中间平均分配。

如上所述，账户资产水平受以下四个因素的影响：投资效率、保险费、由早亡风险引起的保险费返还机制以及返还值与账户实际资产之间的差距。

令 $\Delta\delta_t^{\frac{1}{n}} = \pi \dfrac{S_{t+\frac{1}{n}}^1 - S_t^1}{S_t^1} + (1-\pi)\dfrac{S_{t+\frac{1}{n}}^0 - S_t^0}{S_t^0}$，那么：

$$x\left(t+\frac{1}{n}\right) = \left(X(t)(1+\Delta\delta_t^{\frac{1}{n}}) + \mathrm{P}\frac{1}{n} - a\mathrm{P}t_{\frac{1}{n}}q_{w_0+t}\right) \times \left(1 + \frac{\frac{1}{n}q_{w_0+t}}{1 - \frac{1}{n}q_{w_0+t}}\right)$$

$$(6.2)$$

为了简化式（6.2），将上述问题中的精算规律具体化。$\mu(t)$ 为死亡力函数。条件死亡和条件生存概率与死亡力之间的关系满足 $_tq_x = 1 - _tp_x = 1 - e^{-\int_0^t \mu(x+s)\mathrm{d}s}$。所以，

$$_{\frac{1}{n}}q_{w_0+t} = 1 - e^{-\int_0^{\frac{1}{n}} \mu(w_0+t+s)\mathrm{d}s} \approx \mu(w_0+t)\frac{1}{n} = O\left(\frac{1}{n}\right)$$

这是由于当 $n\to\infty$ 时，$\mu(w_0+t)$ 在养老金的积累期是足够小的。

同样地，

$$\frac{\frac{1}{n}q_{w_0+t}}{1 - \frac{1}{n}q_{w_0+t}} = \frac{1 - e^{-\int_0^{\frac{1}{n}}\mu(w_0+t+s)\mathrm{d}s}}{e^{-\int_0^{\frac{1}{n}}\mu(w_0+t+s)\mathrm{d}s}} = e^{-\int_0^{\frac{1}{n}}\mu(w_0+t+s)\mathrm{d}s} - 1$$

$$\approx \mu(w_0+t)\frac{1}{n} = O\left(\frac{1}{n}\right), n\to\infty$$

易见：

$$\Delta\delta_t^{\frac{1}{n}}\Delta O\left(\frac{1}{n}\right) = o\left(\frac{1}{n}\right), _{\frac{1}{n}}q_{w_0+t}\Delta O\left(\frac{1}{n}\right) = o\left(\frac{1}{n}\right)$$

因此：

$$X\left(t+\frac{1}{n}\right) = X(t)(1+\Delta\delta_t^{\frac{1}{n}}) + X(t)\mu(w_0+t)\frac{1}{n} + \mathrm{P}\frac{1}{n}$$

$$- a\mathrm{P}t\mu(x_0+t)\frac{1}{n} + o\left(\frac{1}{n}\right)$$

（2）将上述离散时间的风险模型转化为连续时间风险模型。假设权益类资产和固定收益类资产的价格变动满足以下随机微分方程：

$$\begin{cases} \mathrm{d}S_1(t) = S_1(t)(c\mathrm{d}t + \delta\mathrm{d}B(t)) \\ \mathrm{d}S_0(t) = rS_0(t)\mathrm{d}t \end{cases}$$

这里，$B(t)$ 为在滤子空间 $(\Omega,\Im,\{\Im_t\}_{t\geqslant 0},P)$ 上的标准布朗运动。有：

$$1 + \Delta\delta_t^{\frac{1}{n}} \rightarrow ((c-r)\pi + r)\mathrm{d}t + \pi\delta\mathrm{d}B(t), n\rightarrow\infty$$

因此，个人账户资产水平 $X(t)$ 的变动满足以下随机微分方程：

$$\begin{cases} \mathrm{d}X(t) = X(t)\big[(c-r)\pi + r + \mu(\omega_0+t)\big]\mathrm{d}t + P\mathrm{d}t - aPt\mu(\omega_0+t)\mathrm{d}t \\ \qquad\qquad + X(t)\pi\delta\mathrm{d}B(t) \\ X(0) = x_0 \end{cases}$$

$$(6.3)$$

为了进一步简化模型，引入棣莫弗死亡力模型（Kohler，2000），其给出了死亡力函数 $\mu(t)$ 的一个具体形式。在该死亡力模型下，生存函数 $s(t)$ 和死亡力函数 $\mu(t)$ 有以下形式：

$$\begin{cases} s(t) = 1 - \dfrac{t}{\omega}, 0\leqslant t\leqslant\omega \\ \mu(t) = \dfrac{1}{\omega-t}, 0\leqslant t\leqslant\omega \end{cases}$$

这里，ω 为生命表最大存活年龄。进而，式（6.3）中的随机微分方程近似为：

$$\begin{cases} \mathrm{d}X(t) = X(t)\Big[(c-r)\pi + r + \dfrac{1}{\omega-\omega_0-t}\Big]\mathrm{d}t + P\dfrac{\omega-\omega_0-(1+a)t}{\omega-\omega_0-t}\mathrm{d}t \\ \qquad\qquad + X(t)\pi\delta\mathrm{d}B(t) \\ X(0) = x_0 \end{cases}$$

$$(6.4)$$

至此，生存者个人账户的养老金积累额变动可以表述为连续时间随机过程。

（3）定义上述风险过程的 M－V 效用。从参保者角度来说，假设其在积累期结束时仍然存活，其目标为最大化当时个人账户资产水平，同时最小化资产水平的波动性。因此，选择 M－V 效用作为优化目标，此效用函数兼顾了风险与收益的平衡，是非常有现实意义的模型。整个问题转化为连续时间的随机最优控制问题。养老金管理者通过动态地选择最优的资产配置方案，即资产在权益类资产和固定收益类资产上的配置比例，实现积累期末个人账户积累额的 M – V 效用最大化。此时，资金管理者的最优化问题为：

$$\sup\{E_{t,x}X^{\pi}(T), -Var_{t,x}X^{\pi}(T)\} \tag{6.5}$$

其中，$\Pi = \{\pi \mid \pi \in [0,\infty)\}$，这表示卖空固定收益类资产是允许的。

6.3　M – V 效用随机控制优化问题的解

本节将求解上述 M – V 效用随机控制优化问题式（6.5）的解。我们将得到最优的在固定收益类和权益类资产上的配置比例，同时得到个人账户资产水平的收益—风险有效边界。令值函数为 $V(t,x)$。利用比约克和穆尔戈奇（Björk and Murgoci，2008）的变分方法，M – V 效用的最优控制问题等同于求解以下的时间不变马尔科夫（Markov）随机控制问题：

$$\begin{cases} J(t,x,\pi) = E_{t,x}[X^{\pi}(T)] - \dfrac{\gamma}{2}Var_{t,x}[X^{\pi}(T)] \\[2mm] \qquad\qquad = E_{t,x}[X^{\pi}(T)] - \dfrac{\gamma}{2}(E_{t,x}[X^{\pi}(T)^2] - (E_{t,x}[X^{\pi}(T)])^2) \\[2mm] V(t,x) = \sup J(t,x,\pi) \end{cases}$$

$$\tag{6.6}$$

其中，最优控制策略 π^* 满足 $V(t,x) = J(t,x,\pi^*)$。这里，γ 为恒正的常数，表示参保者的风险厌恶程度；γ 也是帮助建立最优策略和有效边界的重要媒介参数。不同风险厌恶程度的参保者有不同的风险厌恶系数 γ，他们会选择不同的账户资金水平的期望值与波动值的组合。

令：

$$y^{\pi}(t,x) = E_{t,x}[X^{\pi}(T)], z^{\pi}(t,x) = E_{t,x}[X^{\pi}(T)^2]$$

那么，值函数 $V(t,x)$ 的形式为：

$$V(t,x) = \sup_{\pi \in \Pi}\{f(t,x,y^{\pi}(t,x),z^{\pi}(t,x))\}$$

其中，$f(t,x,y,z) = y - \dfrac{\gamma}{2}(z - y^2)$。

定理 6.1（验证定理）如果存在三个实函数 $F, G, H : [0, T] \times R \to R$ 满足以下 HJB 方程：

$$
\begin{cases}
\sup\left\{ F_t - f_t + (F_x - f_x)\left[x(c-r)\pi + r + \dfrac{1}{\omega - \omega_0 - t} + P\,\dfrac{\omega - \omega_0 - (1+a)t}{\omega - \omega_0 - t} \right] \right. \\
\left. \quad + \dfrac{1}{2}(F_{xx} - U)x^2\pi^2\sigma^2 \right\} \\
F(T, x) = f(T, x, x, x^2)
\end{cases}
$$

$$(6.7)$$

其中，

$$
U = f_{xx} + 2f_{xy}y_x + 2f_{xz}z_x + f_{yy}y_x^2 + 2f_{yz}y_x z_x + f_{zz}z_x^2 = \gamma y_x^2 \tag{6.8}
$$

$$
\begin{cases}
G_t + G_x\left[x\left((c-r)\pi + r + \dfrac{1}{\omega - \omega_0 - t}\right) + P\,\dfrac{\omega - \omega_0 - (1-a)t}{\omega - \omega_0 - t} \right] + \dfrac{1}{2}G_{xx}x^2\pi^2\sigma^2 = 0 \\
G(T, x) = x
\end{cases}
$$

$$(6.9)$$

$$
\begin{cases}
H_t + H_x\left[x\left((c-r)\pi + r + \dfrac{1}{\omega - \omega_0 - t}\right) + P\,\dfrac{\omega - \omega_0 - (1-a)t}{\omega - \omega_0 - t} \right] + \dfrac{1}{2}H_{xx}x^2\pi^2\sigma^2 = 0 \\
H(T, x) = x^2
\end{cases}
$$

$$(6.10)$$

那么，在最优资产配置策略 π^* 意义下，$V(t, x) = F(t, x)$，$y^{\pi^*} = G(t, x)$，$z^{\pi^*} = H(t, x)$。

证明： 由于证明该定理所用方法与何和梁（2008，2009）以及梁和黄（Liang and Huang，2011）的方法类似，这里略去具体的证明过程。相关证明还可参见曾和李（Zeng and Li，2011）。

剩下的问题转化为求解 HJB 方程式（6.7）、式（6.9）和式（6.10），并建立最优的资产配置方案，以及最优的收益—风险有效边界。

显然：

$$
f_z = -\frac{\gamma}{2}
$$

$$
f_t = f_x = f_{xx} = f_{xy} = f_{xz} = f_{yz} = f_{zz} = 0
$$

将式 (6.7) 关于 π 微分, 得到:

$$\pi = \pi(t,x) = -\frac{F_x(c-r)}{(F_{xx} - \gamma G_x^2)x\sigma^2}$$

记 $\pi(t,x)$ 为 $a^*(t,x)$, 那么有:

$$a^*(t,x) = -\frac{F_x(c-r)}{(F_{xx} - \gamma G_x^2)x\sigma^2} \tag{6.11}$$

将式 (6.11) 代入式 (6.9) 和式 (6.10), 得到:

$$F_t + F_x\left[x(r + \frac{1}{\omega - \omega_0 - t}) + P\frac{\omega - \omega_0 - (1+a)t}{\omega - \omega_0 - t}\right] - \frac{F_x^2(c-r)^2}{2(F_{xx} - \gamma G_x^2)\sigma^2} = 0$$

$$\tag{6.12}$$

和

$$G_t + G_x\left[x(r + \frac{1}{\omega - \omega_0 - t}) + P\frac{\omega - \omega_0 - (1+a)t}{\omega - \omega_0 - t}\right]$$

$$-\frac{F_x(c-r)^2}{(F_{xx} - \gamma G_x^2)\sigma^2} + \frac{G_{xx}F_x^2(c-r)^2}{2(F_{xx} - \gamma G_x^2)\sigma^2} = 0 \tag{6.13}$$

假设 $F(t,x)$ 和 $G(t,x)$ 有以下形式:

$$\begin{cases} F(t,x) = A(t)x + B(t), A(T) = 1, B(T) = 0 \\ G(t,x) = \alpha(t)x + \beta(t), \alpha(T) = 1, \beta(T) = 0 \end{cases}$$

这时, 式 (6.12) 和式 (6.13) 转化为:

$$A_t x + B_t + A(t)x\left(r + \frac{1}{\omega - \omega_0 - t}\right) + A(t)P\frac{\omega - \omega_0 - (1+a)^t}{\omega - \omega_0 - t} + \frac{A(t)^2(c-r)^2}{\gamma\alpha(t)^2\sigma^2} = 0$$

$$\alpha_t x + \beta_t + \alpha(t)x\left[r + \frac{1}{\omega - \omega_0 - t} + \frac{A(t)^2(c-r)^2}{\gamma\alpha(t)^2 x\sigma^2}\right] + \alpha(t)P\frac{\omega - \omega_0 - (1+a)^t}{\omega - \omega_0 - t} = 0$$

令上述方程关于 x 的一次项和常数项系数等于 0, 得到:

$$\begin{cases} A_t + A(t)r + \frac{A(t)}{\omega - \omega_0 - t} = 0 \\ B_t + A(t)P\frac{\omega - \omega_0 - (1+a)t}{\omega - \omega_0 - t} + \frac{A(t)^2(c-r)^2}{2\gamma\alpha(t)^2\sigma^2} = 0 \end{cases} \tag{6.14}$$

和

$$\begin{cases} \alpha_t + \alpha(t)r + \dfrac{a(t)}{\omega - \omega_0 - t} = 0 \\[3mm] \beta_t + \alpha(t)\mathrm{P}\dfrac{\omega - \omega_0 - (1+a)t}{\omega - \omega_0 - t} + \dfrac{A(t)(c-r)^2}{\gamma\alpha(t)\sigma^2} = 0 \end{cases} \tag{6.15}$$

常微分方程式（6.14）和式（6.15）的解如下：

$$A(t) = e^{rT}(\omega - \omega_0 - T)^{-1}e^{-rt}(\omega - \omega_0 - t)$$

$$\alpha(t) = e^{rT}(\omega - \omega_0 - T)^{-1}e^{-rt}(\omega - \omega_0 - t)$$

$$B(t) = e^{r(T-t)}\frac{\mathrm{P}[r(\omega - \omega_0 - (1+a)t) - (1+a)]}{r^2(\omega - \omega_0 - T)} - \frac{(c-r)^2 t}{2\gamma\sigma^2} + \frac{(c-r)^2 T}{2\gamma\sigma^2}$$

$$- \frac{\mathrm{P}[r(\omega - \omega_0 - (1+a)T) - (1+a)]}{r^2(\omega - \omega_0 - T)}$$

$$\beta(t) = e^{r(T-t)}\frac{\mathrm{P}[r(\omega - \omega_0 - (1+a)t) - (1+a)]}{r^2(\omega - \omega_0 - T)} - \frac{(c-r)^2 t}{\gamma\sigma^2} + \frac{(c-r)^2 T}{\gamma\sigma^2}$$

$$- \frac{\mathrm{P}[r(\omega - \omega_0 - (1+a)T) - (1+a)]}{r^2(\omega - \omega_0 - T)}$$

至此，我们得到 HJB 方程式（6.7）和式（6.9）的解有以下形式：

$$F(t,x) = e^{r(T-t)}\frac{\omega - \omega_0 - t}{\omega - \omega_0 - T}x + e^{r(T-t)}\frac{\mathrm{P}[r(\omega - \omega_0 - (1+a)t) - (1+a)]}{r^2(\omega - \omega_0 - T)}$$

$$- \frac{(c-r)^2 t}{2\gamma\sigma^2} + \frac{(c-r)^2 T}{2\gamma\sigma^2} - \frac{\mathrm{P}[r(\omega - \omega_0 - (1+a)T) - (1+a)]}{r^2(\omega - \omega_0 - T)}$$

$$G(t,x) = e^{r(T-t)}\frac{\omega - \omega_0 - t}{\omega - \omega_0 - T}x + e^{r(T-t)}\frac{\mathrm{P}[r(\omega - \omega_0 - (1+a)t) - (1+a)]}{r^2(\omega - \omega_0 - T)}$$

$$- \frac{(c-r)^2 t}{\gamma\sigma^2} + \frac{(c-r)^2 T}{\gamma\sigma^2} - \frac{\mathrm{P}[r(\omega - \omega_0 - (1+a)T) - (1+a)]}{r^2(\omega - \omega_0 - T)}$$

将 $F(t,x)$ 和 $G(t,x)$ 代入式（6.11），得到：

$$a^*(t,x) = e^{-r(T-t)}\frac{(c-r)(\omega - \omega_0 - T)}{\gamma\sigma^2 x(\omega - \omega_0 - t)} \tag{6.16}$$

那么，在权益类资产上的最优配置比例为：

$$\pi^*(t) = a^*(t, X^{\pi^*}(t)) \tag{6.17}$$

这里，$X^{\pi^*}(t)$ 为以下随机微分方程的唯一解：

$$
\begin{cases}
dX(t) = X(t)\left[(c-r)a^*(t,X(t)) + r + \dfrac{1}{\omega - \omega_0 - t}\right]dt \\
\qquad + P\dfrac{\omega - \omega_0 - (1+a)t}{\omega - \omega_0 - t}dt + X(t)a^*(t,X(t))\delta dB(t) \\
X(0) = x_0
\end{cases}
$$

(6.18)

显然，$X^{\pi^*}(t)$ 为在最优策略 $\pi^*(t)$ 下 t 时刻的账户资产水平，即 $X^{\pi^*}(t)$ 为最优的资产水平。从式（6.16）和式（6.17）易见，最优资产配置策略 π^* 为风险厌恶系数 γ 和最优资产水平 $x = X^{\pi^*}(t)$ 的函数。因此，风险厌恶程度不同的参保者会选择不同的最优资产配置方案，达到收益—风险有效边界上面的不同点。

进而有：

$$
\begin{aligned}
Var_{t,x}[X^{\pi^*}(T)] &= E_{t,x}\{X^{\pi^*}(T)\}^2 - (E_{t,x}X^{\pi^*}(T))^2 \\
&= \frac{2}{\gamma}(G(t,x) - F(t,x)) = \frac{(c-r)^2(T-t)}{\gamma^2\sigma^2}
\end{aligned}
$$

(6.19)

$$
\begin{aligned}
E_{t,x}[X^{\pi^*}(T)] &= G(t,x) \\
&= e^{r(T-t)}\frac{\omega - \omega_0 - t}{\omega - \omega_0 - T}x + e^{r(T-t)}\frac{P[r(\omega - \omega_0 - (1+a)t) - (1+a)]}{r^2(\omega - \omega_0 - T)} \\
&\quad - \frac{(c-r)^2 t}{\gamma\sigma^2} + \frac{(c-r)^2 T}{\gamma\sigma^2} - \frac{P[r(\omega - \omega_0 - (1+a)T) - (1+a)]}{r^2(\omega - \omega_0 - T)}
\end{aligned}
$$

(6.20)

联立式（6.19）和式（6.20），得到积累期末养老金账户资产水平能够达到的有效边界：

$$
\begin{aligned}
E_{t,x}[X^{\pi^*}(T)] &= e^{r(T-t)}\frac{\omega - \omega_0 - t}{\omega - \omega_0 - T}x + e^{r(T-t)}\times\frac{P[r(\omega - \omega_0 - (1+a)t) - (1+a)]}{r^2(\omega - \omega_0 - T)} \\
&\quad - \frac{P[r(\omega - \omega_0 - (1+a)T) - (1+a)]}{r^2(\omega - \omega_0 - T)} + \frac{c-r}{\sigma}\sqrt{(T-t)Var_{t,x}[X^{\pi^*}(T)]}
\end{aligned}
$$

其中，$X^{\pi^*}(t)$ 为初始资产为 x_0 时，在最优策略 π^* 下的式（6.18）中随机微分方程在 t 时刻的最优解，即 t 时刻最优的资产水平。不同风险偏好的参保者将选择有效边界上不同的收益—风险组合。但是，最优的资产配置策略下，能实现的收益—风险组合一定在上述有效边界上。

6.4　经济意义分析

本部分首先从理论上证明个人账户资产水平和风险厌恶水平对最优策略的影响，以及对收益—风险有效边界的影响；其次，利用蒙特卡罗方法比较有无保费返还条款的养老金计划的资产配置方案的异同；最后，将研究风险厌恶水平对最优策略的影响随时间演化的规律。

（1）由式（6.16）和式（6.17）可得，在权益类资产上最优的配置比例为：

$$\pi^*(t) = a^*(t, X^{\pi^*}(t)) = e^{-r(T-t)} \frac{(c-r)(\omega-\omega_0-T)}{\gamma\sigma^2 X^{\pi^*}(t)(\omega-\omega_0-t)} \quad (6.21)$$

显然，当账户资产水平固定时，π^* 随着风险厌恶程度的升高而降低。此外，利用式（6.19）和式（6.20）容易证明，更高的风险厌恶水平 γ 会导致更低的预期收益和更小的波动性。这表明，有更高风险厌恶程度的养老金参保者会选择将更多的资产投资于固定收益类产品，以避免资产价格波动带来的风险，因此，他们只能获得收益—风险有效边界上的风险和收益都较低的组合；相反，有较低风险厌恶程度的养老金参保者应该将更多的资产投资于权益类产品，以获得更大的资产增值，实现更高的养老效果，他们可以获得在收益—风险有效边界上的较高风险和较高收益的组合。

在式（6.4）中，容易证明 $(c-r)\pi + r + \dfrac{1}{\omega-\omega_0-t} > 0$ 和 $\dfrac{\omega-\omega_0-(1+a)t}{\omega-\omega_0-t} > 0$。以上结果是通过其实际经济含义证明的。$\omega$ 为生命表最大生存年龄，在本部分的模拟研究中，最大生存年龄为 100 岁。ω_0 为参保者加入养老金计划的年龄，一般为工作期开始时，这里令 $\omega_0 = 20$。假设参保者的退休年龄为 60 岁，且缴费期涵盖整个工作期，即积累期长达

40 年，令 $T = 40$。t 为在积累期的特定时间点，满足 $0 \leq t \leq 40$。

从式（6.21）可知，在权益类资产上的最优配置比例随着 t 时刻最优资产水平 $X^{\pi^*}(t)$ 的升高而降低。进而，利用随机微分方程的比较定理，由式（6.18）可知，$X^{\pi^*}(t)$ 为关于初始资产水平 x_0 的单调递增函数。因此，在权益类资产上的最优配置比例与初始账户资产水平有负相关关系。

以上结论表明，在相同的风险厌恶水平条件下，当账户资产水平较高时，养老金管理者偏好将更多的资产投资于固定收益类资产，以避免资产价格波动带来的风险；当账户资产水平较低时，资金管理者需要更多地投资于权益类资产，以获取账户余额增值的机会。此时，管理者不得不承担权益类资产价格波动的风险，以满足参保者对养老金支取额度的要求。

接着，研究参保者在时刻 t 的收益—风险有效边界。有以下结果：

$$\mu = e^{r(T-t)} \frac{\omega - \omega_0 - t}{\omega - \omega_0 - T} x + e^{r(T-t)} \frac{P[r(\omega - \omega_0 - 2t) - 2]}{r^2(\omega - \omega_0 - T)}$$

$$- \frac{P[r(\omega - \omega_0 - 2T) - 2]}{r^2(\omega - \omega_0 - T)} + \frac{c - r}{\sigma} \bar{\sigma} \sqrt{(T-t)}$$

其中，$X^{\pi^*}(t)$ 为随机微分方程（6.18）在初始资产水平为 x_0 的条件下的唯一解；同时，有 $\mu \equiv E_{t,x}[X^{\pi^*}(T)]$ 和 $\tilde{\sigma} \equiv \sqrt{Var_{t,x}[X^{\pi^*}(T)]}$。与经典的马科维茨资产组合理论的结果类似，在时刻 t，账户资产水平的期望值与标准差在一条直线上，即该直线为参保者最优收益—风险效用下的有效边界。此直线上的不同点表示不同账户资产水平的预期值和标准差的组合，它们都是最优的组合。由于不同参保者的风险厌恶程度不同，他们会选择直线上的不同点，即不同的风险与收益的最优组合。以上结论对于带有和不带有保费返还条款的养老金计划都是成立的。

（2）我们利用蒙特卡罗方法比较带有和不带有保费返还条款的养老金最优资产配置策略的异同。

根据模型中参数的实际经济意义，我们选取以下相关参数的取值：$c = 0.05$，$r = 0.02$，$\sigma = 0.8$，$P = 1$，$\omega = 100$，$\omega_0 = 20$，$x_0 = 1$，$T = 40$。为了对比带有和不带有保费返还条款的养老金计划最优策略的异同，我们固定参保者个人的风险厌恶系数为 $\gamma = 0.05$。个人账户资产水平的变动符合随机微分方程式（6.18）。我们利用蒙特卡罗方法随机生成方程中的随机项，并遵循上述方程的规律，得到最优的策略过程以及最优的资产变动过程。最终研究结果是在大规模的上述随机生成轨道上求平均得到的。令 $a=1$ 表示带有保费返还机制的养老金计划，$a=0$ 表示不带有保费返还机制的养老金。本节随机生成了 10 000 条最优控制策略和账户资产变动的轨道，并在这 10 000 条轨道上求平均，以研究最优策略随时间的演化规律。

　　图 6-1 展示了带有和不带有保费返还条款的养老金计划的最优策略随时间的变化趋势。结果表明，相同时间上，带有保费返还条款的养老金管理者倾向于将更多的资产比例配置于权益类资产。对于其他不同的风险厌恶程度的参保者，也有类似的结论。带保费返还机制的养老金计划会对积累期内的早亡者返还保费。与不带保费返还机制的养老金计划相比，保费返还降低了个人账户的资产水平。为了获得资金的增值，即比较高的期末资金水平，参保者不得不承担权益类资产价格的波动性风险，以获得比较高的养老效果。此外，可以观察到在权益类资产上的投资比例随时间演化逐渐减小。这是因为，在养老金的初始积累阶段，参保者的死亡概率是很

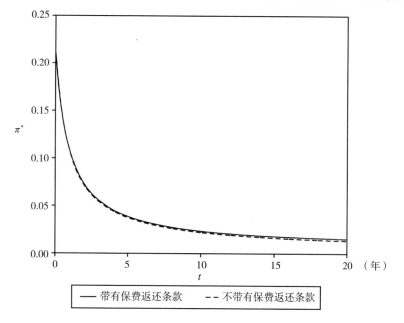

图 6-1　带有和不带有保费返还条款的养老金计划的最优资产配置策略随时间的变化过程

注：其中，$\gamma=0.05$，$c=0.05$，$r=0.02$，$\sigma=0.8$，$P=1$，$\omega=100$，$\omega_0=20$，$x_0=1$，$T=40$。

小的。此时，新收取的保费可以完全覆盖对早亡者的保费返还，这一阶段个人账户的资金水平是上升的。这需要将少部分资金投资于权益类资产，而升高在固定收益类资产上的配置比例，以减少资产价格变动带来的风险。随着时间的演进，参保者的死亡概率逐渐增加，新收取的保费无法完全覆盖对当期早亡者的保费返还。此时，账户资金水平逐渐下降，管理层需要将更多的资产投资于权益类资产，以弥补这种资金水平下降的趋势。

（3）研究风险厌恶程度对最优策略的影响随时间演化的趋势。这里只考虑带有保费返还机制的情况，并且令 $a=1$。图 6-2 给出了五种不同风险厌恶程度的参保者的资产配置策略随时间的演化趋势。其风险厌恶系数分别为 $\gamma=0.01$，$\gamma=0.03$，$\gamma=0.05$，$\gamma=0.07$，$\gamma=0.09$。

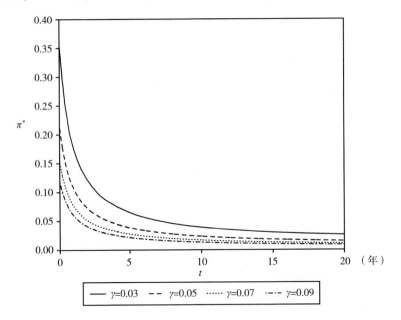

图 6 - 2　不同风险厌恶程度的参保者的最优资产配置策略随着时间 t 的演化趋势

注：其中，$c=0.05$，$r=0.02$，$\sigma=0.8$，$P=1$，$\omega=100$，$\omega_0=20$，$x_0=1$，$T=40$。

结果显示，当参保者风险厌恶程度较高时，管理者应该将更多的资产投资于固定收益类资产，以避免资产价格波动带来的风险；当参保者风险厌恶程度较低时，参保者不大关注账户资产水平的波动性，这种情况下，管理者应该将更多的资产投资于权益类资产，以期实现资产的增值。随着时间的演化，在权益类资产上的最优投资比例逐渐下降，这是因为，在积累期死亡的概率较小,由返还保费机制引起的支出可以被新收取的保费完全覆盖。因此,积累期个人账户的资产水平是持续增加的,这显然会降低在权益类资产上的投资比例,以达到降低风险的效果。此外,风险厌恶程度较小的参保者会在积累初期投资较多的权益类资产,这使得资产水平较快增加,进而,上升的资产水平会降低在权益类资产上的投资,此时降低风险成为主要资产配置动因。因此,风险厌恶程度较小的参保者随着时间的推移会逐步降低在权益类资产上的投资比例。

第 7 章

ELA 模式养老金分配阶段的 管理问题

7.1 研究背景

本章我们研究 DC 型养老金给付期的最优资产配置和最优分配方案设计问题。在给付期，资金管理者重要的控制变量为资产配置策略和分配方案设计。其中，养老金可以投资的渠道是多种多样的。为了模型的简化，我们将投资渠道分为固定收益类资产和权益类资产。固定收益类资产的收益和风险较低，权益类资产的收益和风险较高。养老金管理者需要选择合适的资产配置策略，以实现参保者较高的养老效果。分配方案主要分为固定模式和自由选择模式。固定模式为，当养老金计划进入分配期时，给付额度按照一定的精算原则执行，是固定的模式；相反，自由选择模式中，养老金的分配方案是资金管理层重要的控制变量，是自由选择的非固定模式。我们选取了固定模式中重要的 ELA 模式作为分配期的精算原则。在 ELA 模式中，个人账户的资产在退休期仍然会持续投资于固定收益类和权益类资产，以实现资产的增值。因此，个人账户的余额是一个随机变量，存在波动性。ELA 模式养老金的分配方案是按照一定的精算原则计算出来的，后文将加以叙述。此外，由于生存者分享了早亡者个人账户的资金余额，本模型中存在生存者利益的问题。在分配阶段，资金管理者的运营目标仍然为最大化参保者的养老效果。根据实证结果，稳健、能够保持购买力水平的养老金给付是参保者偏好的结果，因此，我们将提供能够保持购买力水平的养老金给付作为优化目标。数学上，我们用实际给付水平与预期给付中枢的二次偏差的最小化表达上述目标函数。我们将上述问题转化为连续时间的随机最优控制问题，同时通过随机动态优化的方法得到最优的动态资产配置策略。最后，将通过数值方法研究关键因素对最优策略的影响，并试图寻找其中的经济学规律。

DC 型养老金的分配方案存在几种固定模式。在 PLA 模式中，当参保者到达退休年龄时，个人账户余额立即年金化，并按照生存年金的精算原则逐年进行领取。在这种模式下，资产不再用于资本市场的投资，投资带来的收益不确定性是不存在的。在 PLA 模式中，由于按照生存年金的方式进行给付，不存在遗产的问题，也不涉及资产配置的问题。实际上，只有非常少的人选择 PLA 模式养老金。根据弗里德曼和沃肖斯基（1990），布莱克、凯恩斯和多德（2003）以及杰勒德（2004）的研究，资产配置策略在提供保持购买力水平的养老金给付中扮演了重要的角色。

伯恩海姆（1991）的研究表明，许多养老金参保者，特别是健康状况不佳的人，是存在遗产动机的。因此，ELA 模式和 ELID 模式在养老金市场中更受欢迎。在 ELA 模式中，资产在给付期可以用于在固定收益类资产和权益类资产上的投资，同时通过特定的精算规则向参保者进行给付。在这种模式下，生存者可以从早亡者账户获得生存者利益。养老金计划的目标是为参保者提供保持购买力水平的养老金给付。在 ELID 模式中，基本的规则与 ELA 模式类似，但是生存的参保者不会获得生存者利益，并且在死亡时获得遗产，即早亡者账户的余额作为遗产给付，不会在生存者中间平均分配。易见，如何制定动态的资产配置策略以实现更高的养老效果，是养老金资金管理者面临的主要挑战。至此，养老金分配期的管理模型转化为随机最优控制问题。在 ELID 模式中，问题可以转化为与传统的连续时间最优投资—消费模型类似的控制优化问题，这里不做赘述。本章我们将集中讨论 ELA 模式下，资金管理者的动态最优资产配置方案。

本章研究受到默顿（1971）和凯恩斯（2003）最初研究的启发。霍萨－丰贝利达和林孔－萨帕特罗（Josa-Fombellida and Rincón-Zapatero，2001）研究了 DB 型养老金在分配期的最优资产配置问题，提出养老金管理层通过控制最优分配过程以及最优的资产配置策略实现养老效用的最大化。近期的相关研究有吴（Wu，2003）、达斯和乌帕尔（Das and Uppal，2004）

以及恩威拉和杰勒德（2007）。

维尼亚和哈伯曼（2001）、哈伯曼和维尼亚（2002）利用类似的方法研究了离散时间的 DC 型养老金的相关优化问题。韩和洪（2012）首先研究了在随机利率和随机通货膨胀率条件下，DC 型养老金的动态资产配置问题。

本章我们介绍 ELA 模式养老金计划运营中的精算规律，并利用棣莫弗模型模拟参保者的死亡规律，以此对生存者利益对账户资金余额的影响加以建模。通过简化，可以将上述离散时间的问题转化为连续时间随机控制问题。我们首次将多期 ELA 模式养老金的动态资产配置问题转化为连续时间随机最优控制问题。其中，养老金管理者的优化目标为实际给付与预期给付中枢的二次偏差的最小化。在本书的模型中，个人账户的资产变动受到实际给付金额、生存者利益分配以及投资收益的影响，这使得建立的随机控制优化模型更为复杂和精细。利用动态优化的相关方法和 HJB 理论，我们给出了此类连续时间最优资产配置问题的最优解，以及相应的在固定收益类资产和权益类资产上的配置比例。

7.2 ELA 模式养老金分配期模型

本节我们将建立 ELA 模式养老金在分配期的随机最优控制模型。在 ELA 模式养老金中，当参保者退休时，个人账户积累资金仍然可以投资于固定收益类资产和权益类资产，其投资比例是资金管理者重要的控制变量。同时，参保者定期从养老金账户中领取一部分资金作为养老金，这部分资金的金额是通过固定的精算模式确定的，并且与账户资金余额、预期生存年限有关。生存者的账户还会因获得生存者利益而增值，即早亡者账户余额将在生存者中间平均分配，死亡者不会获得遗产。如果参保者生存至生命表的最大年龄的前一年，他会获得账户资金余额作为最后一期养老金给付。我们首先利用 ELA 模式养老金计划运营中的精算规律建立上述优化问题的离散时间模型；进而通过简化将上述离散时间的问题转化为连续时间随机控制问题。

（1）研究养老金账户余额变动的离散时间模型。后续会将此模型近似为连续时间随机模型。在 ELA 模式养老金中，分配过程 $P(t)$ 根据账户资金余额和预期生存时间每年进行调整。ELA 模式养老金的精算规律为，$P(t)$ 等同于假设 t 时刻的账户余额立即年金化，即每年应该得到的养老金额度。所以，实际养老金给付为个人账户资金余额 $F(t)$ 除以 1 单位元生存年金的精算现值 $\ddot{a}_{x+t}$。在这种精算规则下，实际分配 $P(t)$ 与账户资金 $F(t)$ 恒为正值，这避免了早期过度的养老金支取行为导致晚期养老金账户出现赤字问题。可见，给付金额 $P(t)$ 的计算公式为：

$$P(t) = \frac{F(t)}{\ddot{a}_{x+t}} \tag{7.1}$$

这里，$F(t)$ 为 t 时刻个人账户的资金余额，$\ddot{a}_{x+t}$ 为 1 单位元生存年金在 t 时刻和年龄为 $x+t$ 时的精算现值。我们假设平均的退休年龄为 x，这也是分配期开始的时点。$P(t)$ 为 t 时刻向生存参保者分配的养老金额度。其中，1 单位元生存年金的精算现值的计算公式如下：

$$\ddot{a}_{x+t} = \sum_{k=0}^{\infty} v^k {}_k p_{x+t} \tag{7.2}$$

这里，r 为无风险利率；v 为贴现因子，$v = (1+r)^{-1}$。${}_k p_{x+t}$ 是一个精算符号，代表 $x+t$ 岁的人在未来的 k 年内仍然存活的可能性。实际给付是按照公式（7.1）计算的结果确定的。

个人账户的资金余额受以下三个因素的影响：投资回报、分配过程以及生存者利益。账户资金的变动满足以下表达式：

$$F(t+1) = \left(F(t) \left(\pi \frac{S_{t+1}^1}{S_t^1} + (1-\pi) \frac{S_{t+1}^0}{S_t^0} \right) - P(t) \right) \frac{1}{1 - \frac{1}{n} q_{x+t}} \tag{7.3}$$

这里，S_t^1 和 S_t^0 分别是权益类资产和固定收益类资产在 t 时刻的价格。π 为在权益类资产上的配置比例，是本研究中重要的控制变量。养老金管理者通过动态地选取在两类资产上的配置比例，实现风险与收益的权衡，达到最优化参保者养老效用的结果。${}_{\frac{1}{n}} q_{x+t}$ 为精算符号，表示 $x+t$ 的人在 $\frac{1}{n}$ 年中死亡的概率。式（7.3）的最后一部分表达生存者利益对账户金额的影响，即死亡者的账户余额将在所有存活参保者中间平分，存活者分享了早亡者的利益。管理层关心的问题为，如何选取合适的资产配置策略 π，能够使实际养老金给付满足购买力需求。

（2）将上述模型转化为连续时间控制优化模型。我们考虑时间间隔为 $\frac{1}{n}$ 的条件下，上述方程的差分形式：

$$\frac{1}{n}\ddot{a}_{x+t} = \frac{1}{n} \sum_{k=0}^{\infty} v^{\frac{k}{n}} \, _{\frac{k}{n}}p_{x+t} \tag{7.4}$$

其中，$\frac{1}{n}\ddot{a}_{x+t}$ 为 $\frac{1}{n}$ 单位元生存年金在 t 时刻的精算现值。

因此：

$$F\left(t+\frac{1}{n}\right) = \left(F(t)\left(\pi \frac{S_{t+\frac{1}{n}}^1}{S_t^1} + (1-\pi) \frac{S_{t+\frac{1}{n}}^0}{S_t^0}\right) - \frac{F(t)}{\frac{1}{n}\ddot{a}_{x+t}} \frac{1}{n}\right) \frac{1}{1-\frac{1}{n}q_{x+t}} \tag{7.5}$$

定义：

$$\Delta\delta_t^{\frac{1}{n}} = \pi \frac{S_{t+\frac{1}{n}}^1 - S_t^1}{S_t^1} + (1-\pi) \frac{S_{t+\frac{1}{n}}^0 - S_t^0}{S_t^0} \tag{7.6}$$

那么，有：

$$F\left(t+\frac{1}{n}\right) = \left(F(t)(1+\Delta\delta_t^{\frac{1}{n}}) - \frac{F(t)}{\frac{1}{n}\ddot{a}_{x+t}} \frac{1}{n}\right)\left(1 + \frac{\frac{1}{n}q_{x+t}}{1-\frac{1}{n}q_{x+t}}\right) \tag{7.7}$$

以及：

$$\frac{\frac{1}{n}q_{x+t}}{1-\frac{1}{n}q_{x+t}} = \frac{1 - e^{-\int_0^{\frac{1}{n}}\mu(x+t+s)\,ds}}{e^{-\int_0^{\frac{1}{n}}\mu(x+t+s)\,ds}} = e^{\int_0^{\frac{1}{n}}\mu(x+t+s)\,ds} - 1 \approx \mu(x+t)\frac{1}{n} = O\left(\frac{1}{n}\right)$$

$$\tag{7.8}$$

这里，$\mu(t)$ 为 t 时刻的死亡力。可以证明：

$$\Delta\delta_t^{\frac{1}{n}} \cdot O\left(\frac{1}{n}\right) = o\left(\frac{1}{n}\right) \qquad \frac{F(t)}{\frac{1}{n}\ddot{a}_{x+t}} \frac{1}{n} \cdot O\left(\frac{1}{n}\right) = o\left(\frac{1}{n}\right) \tag{7.9}$$

可以将式（7.5）转化为下述形式：

$$F\left(t+\frac{1}{n}\right) = F(t)(1+\Delta\delta_t^{\frac{1}{n}}) - \frac{F(t)}{\frac{1}{n}\ddot{a}_{x+t}} \frac{1}{n} + F(t)\mu(x+t)\frac{1}{n} + o\left(\frac{1}{n}\right)$$

$$\tag{7.10}$$

假设权益类资产和固定收益类资产的价格变动满足信息空间 $(\Omega, \Im,$

$\{\mathfrak{I}_t\}_{t\geq 0},P)$ 下的随机微分方程:

$$dS^1(t) = S^1(t)(cdt + \sigma dB(t)) \tag{7.11}$$

$$dS^0(t) = rS^0(t)dt \tag{7.12}$$

这里,$\mathfrak{I}_t$ 为 t 时刻的信息结构,t 时刻所有的策略都是基于该信息结构做出的;$B(t)$ 为在此概率空间上的标准布朗运动。因此:

$$\Delta\delta_t^{\frac{1}{n}} \rightarrow ((c-r)\pi + r)dt + \pi\sigma dB(t) \tag{7.13}$$

和

$$\frac{1}{n}\ddot{a}_{x+t} = \frac{1}{n}\sum_{k=0}^{\infty} v^{\frac{k}{n}} {}_{\frac{k}{n}}p_{x+t} \rightarrow \int_0^{\infty} e^{-rs} {}_s p_{x+t}ds \tag{7.14}$$

当 $n\rightarrow\infty$ 时,利用式(7.10)得到:

$$dF(t) = F(t)[((c-r)\pi + r)dt + \pi\sigma dB(t)] - F(t)\left\{\int_0^{\infty} e^{-rs} {}_s p_{x+t}ds\right\}^{-1}dt$$

$$+ F(t)\mu(x+t)dt \tag{7.15}$$

注意到:

$$\int_0^{\infty} e^{-rs} {}_s p_{x+t}ds = \int_0^{\infty} e^{-rs}e_0^{-\int_0^S \mu(x+t+m)dm}ds = \eta(x+t)^{-1}$$

$$\lambda(x+t) = \mu(x+t) - \eta(x+t)$$

对式(7.15)做简化,得到个人账户余额 $F(t)$ 的变动满足以下连续时间随机微分方程:

$$dF(t) = F(t)[(c-r)\pi + r + \lambda(x+t)]dt + F(t)\pi\sigma dB(t) \tag{7.16}$$

在此模型中,t 时刻在权益类资产上的配置比例为 $\pi(t)$,$\pi(t)$ 的取值范围是 $[0,1]$。

这里,动态的资产配置策略 π 为 $\mathfrak{I}_t$ 适应的连续过程 $\{\pi(t)\}$。实际上,$\pi(t)$ 度量了 t 时刻投资风险的敞口。如果满足条件 $\pi(t) \in [0,1]$,$\pi = \{\pi(t)\}$ 称为可容许的策略。定义 Π 为所有的可容许策略组成的集合。当执行一个容许策略 π 时,t 时刻个人账户资金的余额为 $\{F^{\pi}(t)\}$。由式(7.16)的结果可得,$F^{\pi}(t)$ 的变动满足以下随机微分方程:

$$\begin{cases} dF^{\pi}(t) = F(t)[(c-r)\pi(t) + r + \lambda(x+t)]dt + F^{\pi}(t)\pi\sigma dB(t) \\ F^{\pi}(0) = z \end{cases}$$

$$\tag{7.17}$$

DC 型养老金的参保者与管理者之间形成委托—代理关系。资金管理者的运营目标应为实现参保者的利益最大化，即实现参保者最大的养老效用。实证结果表明，参保者获得稳健的、保持购买力水平的养老金给付是效用最大的。数学上，我们用最小化实际养老金给付与预期给付中枢的二次偏差表达，即根据实证和统计分析的结果，确定预期最理想的给付中枢 NP。资金管理层通过动态地调整在固定收益类资产和权益类资产上的配置比例 $\pi(t)$，以实现按照 ELA 精算规律计算出的实际给付值与 NP 的二次偏差最小化。根据生命表的信息，ω 为最大生存年龄。这里假设当参保者生存至最大生存年龄的前一年时，即年龄为 $\omega - 1$ 时，个人账户的余额作为最后一期养老金全部发放。至此，养老金管理者的优化目标为：

$$V(z) = \min_{\pi \in \Pi}\{(z, \pi)\}$$

$$= \min_{\pi \in \Pi}\left\{E\left[\int_0^{\omega - x - 1} e^{-rs}(P(s) - NP)^2 \mathrm{d}s + \alpha e^{-r(\omega - x - 1)}(F^{\pi}(\omega - x - 1) - NP)^2\right]\right\}$$

$$= \min_{\pi \in \Pi}\left\{E\left[\int_0^{\omega - x - 1} e^{-rs}(F^{\pi}(s)\eta(x + s) - NP)^2 \mathrm{d}s + \alpha e^{-r(\omega - x - 1)}(F^{\pi}(\omega - x - 1)\right.\right.$$

$$\left.\left. - NP)^2\right]\right\} \tag{7.18}$$

$$F(0) = z \tag{7.19}$$

这里，α 为权重因子，度量了生命表最大年龄上的养老效用的重要性，由于存活到生命表最大年龄的概率极小，这部分养老效用对大多数人是没有意义的，因此，α 通常很小；z 为初始的个人账户余额。

（3）为了进一步简化模型，在精算规律中，引入棣莫弗模型（Kohler, 2000）来描述死亡力函数 $\mu(t)$。有了死亡力函数的具体表达式，可以计算得到前文所述的条件生存概率和条件死亡概率。在此模型中，生存函数 $s(t)$ 和死亡力函数 $\mu(t)$ 分别有以下形式：

$$s(x + t) = 1 - \frac{x + t}{\omega}, 0 \leq t < \omega - x \tag{7.20}$$

$$\mu(x + t) = \frac{1}{\omega - x - t} \tag{7.21}$$

那么：

$$_sp_{x+t} = e^{-\int_0^s \mu(x+t+m)\mathrm{d}m} = e^{-\int_0^s \frac{1}{\omega - x - t - m}\mathrm{d}m} = \frac{\omega - x - t - s}{\omega - x - t} \tag{7.22}$$

因此：

$$\int_0^\infty e^{-rs} \, {}_s p_{x+t} \, \mathrm{d}s = \int_0^{\omega-t-x} e^{-rs} \left(1 - \frac{s}{\omega - x - t}\right) \mathrm{d}s = \frac{r(\omega - x - t) - 1 + e^{-r(\omega-x-t)}}{r^2(\omega - x - t)}$$

$$(7.23)$$

和

$$\eta(x+t) = \frac{r^2(\omega - x - t)}{r(\omega - x - t) - 1 + e^{-r(\omega-x-t)}} = \frac{2}{\omega - x - t} \qquad (7.24)$$

以及

$$\lambda(x+t) = \frac{1}{\omega - x - t} \qquad (7.25)$$

这里，式（7.24）可以通过对 $e^{-r(\omega-x-t)}$ 在 0 点做泰勒展开得到。注意，这里假设 r 非常小。结果显示，$\eta(x+t)$ 和 $\lambda(x+t)$ 都与时间 $\omega - x - t$ 有关，这也是剩余存活时间。这表明，分配过程与生存者利益获取过程都与剩余存活时间有关。至此，我们建立了 ELA 模式的养老金在支取期的连续时间随机动态优化模型。

7.3 连续时间动态优化问题的解

本节将给出连续时间随机最优控制问题式（7.18）、式（7.19）的最优解。求解过程分为两个主要步骤：第一步是构建最优的反馈函数 $\pi_*(y, t)$（记为 π_*）；第二步是通过 HJB 方法，建立最优的资产配置策略 $\pi^*(t)$ 和最优的账户资产水平 $F^{\pi^*}(t)$。

（1）我们定义 $\varphi(F^{\pi^*}, t)$ 为：

$$\varphi(F^{\pi^*}, t) = \min_{\pi \in \Pi} \left\{ E\left[\int_t^{\omega-x-1} e^{-rs} \left(F^\pi(s)\eta(x+s) - NP\right)^2 \mathrm{d}s \right.\right.$$

$$\left.\left. + \alpha e^{-r(\omega-x-1)} \left(F^\pi(\omega - x - 1) - NP\right)^2 \right] \right\} \qquad (7.26)$$

$$F^{\pi^*}(0) = z \qquad (7.27)$$

利用变分方法（Øksendal and Sulem，2005），值函数 $\varphi(y, t)$ 满足以下

的 *HJB* 方程。可以证明，*HJB* 方程的解优于目标函数的最优值。

$$0 = \min_{\pi \in [0,1]} \left\{ \frac{\partial \varphi}{\partial t} + \frac{\partial \varphi}{\partial y} y(\pi(c-r) + r + \lambda(x+t)) + \frac{1}{2}\sigma^2\pi^2 y^2 \frac{\partial^2\varphi}{\partial y^2} \right.$$

$$\left. + e^{-rt}(y\eta(x+t) - NP)^2) \right\} \tag{7.28}$$

边界条件为：

$$\varphi(F^{\pi^*}, \omega - x - 1) = \alpha e^{-r(\omega - x - 1)}(F^{\pi^*}(\omega - x - 1) - NP)^2 \tag{7.29}$$

对式（7.28）括号内的部分关于最优反馈函数 π_* 求微分，得到：

$$(c-r)y\varphi_y + \sigma^2\pi_* y^2\varphi_{yy} = 0 \tag{7.30}$$

即：

$$\pi_* = \frac{(r-c)\varphi_y}{\sigma^2 y\varphi_{yy}} \tag{7.31}$$

边界条件式（7.29）表明值函数 $\varphi(y,t)$ 有以下形式：

$$\varphi(y,t) = e^{-rt}P(t)[y^2 - 2S(t)y + R(t)] \tag{7.32}$$

利用上述边界条件，$P(t)$、$S(t)$、$R(t)$ 满足以下条件：

$$T = \omega - x - 1, P(T) = \alpha, S(T) = NP, R(T) = NP^2 \tag{7.33}$$

那么：

$$\varphi_t(y,t) = -re^{-rt}P(t)(y^2 - 2S(t)y + R(t)) + e^{-rt}P'(t)(y^2 - 2S(t)y$$

$$+ R(t)) + e^{-rt}P(t)(-2S'(t)y + R'(t)) \tag{7.34}$$

$$\varphi_y(y,t) = 2e^{-rt}, P(t)(y - S(t)) \tag{7.35}$$

$$\varphi_{yy}(y,t) = 2e^{-rt}P(t) \tag{7.36}$$

将上述表达式代入 HJB 方程式（7.28），得到：

$$0 = \min_\pi \{ -re^{-rt}P(t)(y^2 - 2S(t)y + R(t)) + e^{-rt}P'(t)(y^2 - 2S(t)y + R(t))$$

$$+ e^{-rt}P(t)(-2S'(t)y + R'(t)) + 2e^{-rt}P(t)(y - S(t))y(\pi(c-r) + r$$

$$+ \lambda(t)) + \sigma^2\pi^2 y^2 e^{-rt}P(t) + e^{-rt}(y\eta(t) - NP)^2 \} \tag{7.37}$$

将式（7.35）中的 $\varphi_y(y,t)$ 和式（7.36）中的 $\varphi_{yy}(y,t)$ 代入式（7.31），得到最优反馈函数 π_* 满足以下方程：

$$2P(t)y(y - S(t))(c-r) + 2\sigma^2 y^2 P(t)\pi_* = 0 \tag{7.38}$$

即：

$$\pi_* = \frac{(y - S(t))(c - t)}{\sigma^2 y} \tag{7.39}$$

将 π_* 代入 HJB 方程式（7.37），得到：

$$
\begin{aligned}
0 = \Big\{ & -rP(t)[y^2 - 2S(t)y + R(t)] + P'(t)[y^2 - 2S(t)y + R(t)] \\
& + P(t)[-2S'(t)y + R'(t)] \\
& + 2P(t)[y - S(t)]y \Big[-\frac{(y - S(t))(c - r)^2}{\sigma^2 y} + r + \lambda(t) \Big] \\
& + \frac{(y - S(t))^2 (c - r)^2}{\sigma^2} P(t) + (y\eta(t) - NP)^2 \Big\}
\end{aligned}
\tag{7.40}
$$

令式（7.40）中 y 的二次项、一次项和零次项系数分别等于 0，下述方程应同时成立：

$$0 = \{[\sigma^2 r + 2\sigma^2 \lambda(t) - (c - r)^2]P(t) + \sigma^2 P'(t) + \sigma^2 \eta^2(t)\} \tag{7.41}$$

$$
\begin{aligned}
0 = \{ & -[(c - r)^2 P(t) - \sigma^2 \lambda(t)P(t) - \sigma^2 P'(t)]S(t) + \sigma^2 P(t)S'(t) \\
& + \sigma^2 \eta(t)NP\}
\end{aligned}
\tag{7.42}
$$

$$
\begin{aligned}
0 = \{ & -[\sigma^2 rP(t) - \sigma^2 P'(t)]R(t) + \sigma^2 P(t)R'(t) - (c - r)^2 P(t)S^2(t) \\
& + \sigma^2 NP^2\}
\end{aligned}
\tag{7.43}
$$

式（7.41）可以变形为：

$$P'(t) + \Big[r + 2\lambda(t) - \Big(\frac{c - r}{\sigma}\Big)^2 \Big] P(t) = -\eta^2(t) \tag{7.44}$$

令

$$f(t) = r + 2\lambda(t) - \Big(\frac{c - r}{\sigma}\Big)^2, \quad g(t) = -\eta^2(t)$$

易见，如果 y 满足以下线性常微分方程：

$$y' + f(t)y = g(t), \quad y(t_0) = y_0 \tag{7.45}$$

那么，有：

$$y(t) = e^{-G(t)}\Big(y_0 + \int_{t_0}^{t} g(s)e^{G(s)}\,\mathrm{d}s\Big) \tag{7.46}$$

$$G(t) = \int_{t_0}^{t} f(s)\,\mathrm{d}s$$

利用以上结论，我们求解式（7.34）中的常微分方程。利用边界条件 $t_0 = T = \omega - x - 1, y_0 = \alpha$，得到：

$$G(t) = \int_T^t \left[r + 2\lambda(s) - \left(\frac{c-r}{\sigma} \right)^2 \right] \mathrm{d}s$$

$$= rt - \left(\frac{c-r}{\sigma} \right)^2 t + 2\ln(\omega - x - t) - \psi_1 \quad (7.47)$$

因此，式（7.44）的解有以下形式：

$$P(t) = e^{\left(\frac{c-r}{\sigma} \right)^2 t - rt}(\omega - x - t)^{-2} \times e^{\psi_1} \left[\alpha - \int_T^t 4 e^{rs - \left(\frac{c-r}{\sigma} \right)^2 s} e^{-\psi_1} \mathrm{d}s \right]$$

$$= e^{\left(\frac{c-r}{\sigma} \right)^2 t - rt}(\omega - x - t)^{-2} \times e^{\psi_1} \left[\alpha - \psi_3 \left(e^{rt - \left(\frac{c-r}{\sigma} \right)^2 t} - \psi_2 \right) \right] \quad (7.48)$$

其中，

$$\psi_1 = rT - \left(\frac{c-r}{\sigma} \right)^2 T$$

$$\psi_2 = e^{rT - \left(\frac{c-r}{\sigma} \right)^2 T}$$

$$\psi_3 = 4 e^{-\psi_1} \frac{1}{r - \left(\frac{c-r}{\sigma} \right)^2}$$

至此，得到 $P(t)$：

$$P(t) = A e^{\left(\frac{c-r}{\sigma} \right)^2 t - rt}(\omega - x - t)^{-2} + B(\omega - x - t)^{-2} \quad (7.49)$$

其中，

$$A = e^{\psi_1}(\alpha + \psi_2 \psi_3), B = -e^{\psi_1} \psi_3$$

将式（7.49）中 $P(t)$ 的表达式代入式（7.42），得到：

$$S'(t) + \left(\frac{1}{\omega - x - t} - r - \frac{4}{A e^{\left(\frac{c-r}{\sigma} \right)^2 t - rt} + B} \right) S(t) = - \frac{2NP}{(\omega - x - t)^{-1} \left(A e^{\left(\frac{c-r}{\sigma} \right)^2 t - rt} + B \right)}$$

$$(7.50)$$

利用与求解方程式（7.44）的解类似的方法，我们得到常微分方程式（7.50）的解 $S(t)$。

$$S(t) = T e^{\left(r + \frac{4}{B} \right)t} \left[e^{\left(\frac{c-r}{\sigma} \right)^2 t - rt} + \frac{B}{A} \right]^{-1} \times e^{-\psi_4} \left[NP - \psi_5 + \frac{2NP}{A\left(r + \frac{4}{B} \right)} e^{\psi_4} e^{-\left(r + \frac{4}{B} \right)t} \right]$$

$$= (\omega - x - t)\left[e^{\left(\frac{c-r}{\sigma}\right)^2 t - rt} + \frac{B}{A} \right]^{-1} [Ce^{\left(\frac{c-r}{\sigma}\right)^2 t} + D] \tag{7.51}$$

其中，

$$C = e^{-\psi_4}(NP - \psi_5)$$

$$D = \frac{2NP}{A\left(r + \frac{4}{B}\right)} = \frac{2NP\sigma^2}{A(c-r)^2}$$

$$\psi_4 = \left(r + \frac{4}{B}\right)T - \ln\left[e^{\left[\left(\frac{c-r}{\sigma}\right)^2 - r\right]T} + \frac{B}{A} \right]$$

$$\psi_5 = \frac{2NP}{A\left(r + \frac{4}{B}\right)} e^{\psi_4} e^{-\left(r + \frac{4}{B}\right)t}$$

同样地，式（7.43）有以下形式的解：

$$R(t) = \exp\{-H(t)\}\left[(NP)^2 + \int_T^t \widetilde{g}(s)\exp\{H(s)\}\,\mathrm{d}s \right]$$

其中，

$$H(t) = \int_T^t \widetilde{f}(s)\,\mathrm{d}s$$

$$\widetilde{f}(t) = \frac{P'(t)}{P(t)} - r$$

$$\widetilde{g}(t) = \left[\frac{(c-r)S(t)}{\sigma} \right]^2 - \frac{(NP)^2}{P(t)}$$

至此，我们从式（7.39）和式（7.51）中得到最优反馈函数 π_* 的具体形式：

$$\pi_*(y,t) = -\frac{(y - S(t))(c-r)}{\sigma^2 y}$$

$$= \frac{(r-c)\left(y - (\omega - x - t)\left(e^{\left(\frac{c-r}{\sigma}\right)^2 t - rt} + \frac{B}{A} \right)^{-1}(Ce^{\left(\frac{c-r}{\sigma}\right)^2 t} + D)\right)}{\sigma^2 y}$$

$$= \pi_*(\omega - x - 1, c, r, \sigma^2, \alpha, NP, y, t) \tag{7.52}$$

易见，π_* 为时间 t 和账户余额 $y(t)$ 的函数。

（2）建立最优控制策略 $\pi^*(t)$。

令 $\pi^*(y,t)$ 如式（7.52）定义，以下随机微分方程存在唯一解 $X(t)$：

$$\begin{cases} \mathrm{d}X(t) = X(t)[(c-r)\pi_*(X(t),t) + r + \lambda(x+t)]\mathrm{d}t \\ \qquad\qquad + X(t)\pi_*(X(t),t)\sigma\mathrm{d}B(t) \\ X(0) = z \end{cases} \tag{7.53}$$

利用何和梁（2008，2009）证明验证定理的类似方法，可以得到最优的动态控制策略 $\pi^*(t)$ 被以下公式唯一确定：

$$\pi^*(t) = \pi_*(X(t),t)$$

通常将 X 记为 F^{π^*}。因此，$\pi^*(t) = \pi_*(F^{\pi^*},t)$ 和 F^{π^*} 是在策略 π^* 下的最优策略和最优资产过程。

接下来，将研究最优反馈函数的经济含义，以及相关因素对最优资产配置策略的影响。

7.4 经济意义分析

本节将通过定性和定量的方法研究相关因素对最优资产配置策略的影响。

在养老金支取阶段，最优资产配置方案有以下形式：

$$\pi^*(t) = \pi_*(y,t)\big|_{y=F^{\pi^*}(t)}$$

$$= \frac{(r-c)\left(y - (\omega - x - t)\left(e^{\left(\frac{c-t}{\sigma}\right)^2 t - n} + \frac{B}{A}\right)^{-1}\left(Ce^{\left(\frac{c-t}{\sigma}\right)^2 t} + D\right)\right)}{\sigma^2 y}\Bigg|_{y=F^{\pi^*}(t)}$$

易见，在权益类资产上的最优投资比例与个人账户余额 y 和时间 t 都有关系，是两者的二维函数。这里，y 等同于 $F^{\pi^*}(t)$。$F^{\pi^*}(t)$ 是初始资产为 z，方程式（7.17）在最优控制策略 π^* 意义下的在 t 时刻的唯一解，即 $F^{\pi^*}(t)$ 为时刻 t 最优的账户资金余额。下面，将建立最优资产配置比例与养老金计划能实现的购买力水平之间的关系。

（1）证明 $P(t) > 0, S(t) > 0$。因为：

$$\omega - x - t > 0 \tag{7.54}$$

令 $M \equiv r - \dfrac{(c-r)^2}{\sigma^2}$，有：

$$
\begin{aligned}
Ae^{-Mt} + B &= e^{\psi_1}(\alpha + \psi_2\psi_3)e^{-Mt} - e^{\psi_1}\psi_3 \\
&= e^{\psi_1}\left(\left(\alpha + \frac{4}{M}\right)e^{-Mt} - \frac{4}{M}e^{-\psi_1}\right) \\
&= e^{\psi_1}\left(\alpha e^{-Mt} + \frac{4}{M}(e^{-Mt} - e^{-M(\omega-x-1)})\right) > 0
\end{aligned}
\tag{7.55}
$$

由于 $t < \omega - x - 1$，和

$$
\begin{aligned}
Ce^{\left(\frac{c-r}{\sigma}\right)^2 t} + D &= e^{-\psi_4}(NP - \psi_5)e^{\left(\frac{c-r}{\sigma}\right)^2 t} + \frac{2NP\sigma^2}{A(c-r)^2} \\
&> -e^{-\psi_4}\psi_5 e^{\left(\frac{c-r}{\sigma}\right)^2 t} + \frac{2NP\sigma^2}{A(c-r)^2} \\
&= \frac{2NP\sigma^2}{A(c-r)^2}\left(-e^{\left(\frac{c-r}{\sigma}\right)^2(t-(\omega-x-1))} + 1\right) > 0
\end{aligned}
\tag{7.56}
$$

有：

$$
P(t) = Ae^{\left(\frac{c-r}{\sigma}\right)^2 t - rt}(\omega - x - t)^{-2} + B(\omega - x - t)^{-2} > 0
$$

$$
S(t) = (\omega - x - t)\left(e^{\left(\frac{c-r}{\sigma}\right)^2 t - rt} + \frac{B}{A}\right)^{-1} \times \left(Ce^{\left(\frac{c-r}{\sigma}\right)^2 t} + D\right) > 0
\tag{7.57}
$$

（2）定义覆盖率 $coverage = \dfrac{\dfrac{2y}{\omega-x-t}}{NP}$，$y$ 为在最优策略 π^* 下的 t 时刻的

账户余额。$\dfrac{2y}{\omega-x-t}$ 为按照 ELA 模式养老金精算规律计算的实际给付金额。

$coverage$ 比率表示实际养老金给付与预期给付中枢 NP 的比值，该值越接近

1，代表越高的养老效果，其度量了养老金给付保持购买力水平的程度。

$$
\begin{aligned}
\pi_*(y,t) = \frac{(r-c)}{\sigma^2}\Bigg\{ &1 - \frac{2}{coverage}\left(e^{\left(\frac{c-r}{\sigma}\right)^2 t - rt} + \frac{B}{A}\right)^{-1} \\
&\left(e^{-\psi_4}\left(1 - \frac{2\sigma^2}{A(c-r)^2}e^{-\left(\frac{c-r}{\sigma}\right)^2(\omega-x-1)}\right) + \frac{2\sigma^2}{A(c-r)^2}\right)\Bigg\}
\end{aligned}
\tag{7.58}
$$

容易证明，$Coverage$ 比率上升，$\pi_*(y,t)$ 下降。

当 $Coverage$ 比率上升时，实际给付的养老金水平可以较好地保持购买

力水平。这种情况下，可以减少在权益类资产上的配置比例，以减少资产价格波动带来的风险。当 *Coverage* 比率下降时，实际养老金给付能够提供的购买力水平是不够的。在这种情况下，资金管理层应该减少在固定收益类资产上的投资，增加对权益类资产的投资，以提高账户资金水平。此时，资产配置方案不得不承担来自权益市场价格波动带来的风险。

（3）探讨个人账户初始资产水平对最优资产配置和养老金计划的购买力保持水平的影响。事实上，利用随机微分方程的比较定理可知，随着初始资产 z 的增大，t 时刻的资产水平 $y(=y(t,z))$ 随之增大。因此，*Coverage* 比率也同时增大。这时候，参保者通过养老金给付可以获得更高的购买力水平。

第 *8* 章

与购买力挂钩的养老金分配期
管理问题研究

8.1 研究背景

DC 型养老金为缴费额度确定、给付额度不确定，并与缴费额度、投资效率、通货膨胀水平相挂钩的一类养老金。养老金管理者如何有效运营资金、配置资产、制定分配方案，是学术界和实务界都非常关心的问题。

DC 型养老金是一种基金积累制的养老保险。工作期的参保者缴纳一定费用，建立养老金账户，并在权益类市场和固定收益类市场进行投资。参保者退休后可以逐年支取账户内的资金作为补充养老金。DC 模式养老金管理绩效的不同源于两个方面：投资效率和分配方案。前者指的是养老金的管理者将账户资金投资于权益类资产和固定收益类资产，以抵御通货膨胀和实现有效增值。权益类资产的特点是高风险、高收益；固定收益类资产则是低风险的稳健的投资品种。如何动态地确定在两者中的投资比例是我们建模中重要的控制变量。后者指的是养老金的管理者在分配期将养老金合理地逐步给付给养老金参保者，以保障其较高的养老效果。如何将积累的资金在退休后的生存期进行分配也是重要的控制变量。

为了确定养老金管理者的优化目标，需要考虑养老金管理机构的盈利模式。养老金管理机构是受托机构，主要通过收取管理费用盈利，即优秀的绩效可以吸引更多参保者，收取更多的管理费用。因此，养老金管理的目标是最大化养老金参保者的养老效用，以吸引更多的参保者。关于 DC 型养老金最优运营策略的研究一般将养老金的整个过程分为积累期和分配期。积累期的优化目标一般为最大化期末的养老金规模，或者最大化期末养老金规模的均值—方差效用。对于 DC 型养老金的参保者来说，他们希望通过参加养老金计划，使得退休后的生活更加稳健和有保障。因此，在分配期存在对给付金额的预期中枢，并期望实际的给付与基准的差距较小，这可以通过最小化实际给付与预期中枢的二次偏差来描述。

DC 型养老金在实际具体操作中包含复杂的精算方法和规则的运用。我们将针对 DC 型养老金包含的精算机制进行建模，将离散时间问题转化为连续时间的随机分析问题。进而，将 DC 型养老金的最优资产配置问题和最优分配方案问题转化为连续时间随机最优控制问题。通过利用 HJB 变分方法以及随机微分方程比较定理等控制理论和方法，我们将得到养老金资金管理者最优投资策略和分配策略的解析形式。

本章将研究给付与购买力挂钩的 DC 型养老金管理问题。在养老金的分配期，个人参保者账户养老金水平受到三个因素的影响：投资回报率、给付水平和生存者利益。我们将对这三个因素对养老金水平的影响分别建立模型。对于养老金的投资问题，在 DC 型养老金管理初期，多数养老金在退休时即全部转换为生存年金进行给付，那么，在分配期的投资收益率即为无风险利率。随着老龄化程度的严峻，养老金管理者发现，仅仅购买生存年金很难为参保者提供较高的养老福利，此后，养老金被允许在退休后的一段时间同时投资于风险资产和无风险资产。当然，当参保者年龄足够大时，养老金被强制转换为生存年金，以避免高龄时用尽养老金的情况发生。数学上，比约克和穆尔戈奇（2008）假设风险资产的价格变动满足几何布朗运动。此后，最优资产配置问题成为养老金管理领域的重要问题，相关领域的成果和研究方法也被大量应用于养老金管理的研究。在乍鲁帕特和米列夫斯基（Charupat and Milevsky, 2002）的研究中，养老金管理者控制在风险资产和无风险资产上的配置比例，以期取得更高的 CRRA 效用。他们的结果表明，养老金分配期的最优资产配置策略与经典的默顿模型的结论是一致的。恩威拉和杰勒德（2007）研究了在最小化实际给付与预期给付中枢二次偏差优化目标下的养老金最优资产配置策略。他们的研究结果显示，养老金资产水平与在风险资产上的投资比例是负相关的，这与经典的默顿模型结论不一致，即资产水平越高时，风险承受能力没有相应变大，而是选择更保守的投资风格，这被称为反直觉的结果。在米列夫斯基和扬（Milevsky and Young，2007）的研究中，养老金在强制转换成生存年金之前是可以投资于风险资产的。在强制转换时间，养老金账户余额被全部用于购买生存年金，并按照生存年金进行给付，这是为了避免养老金采取了过于激进的投资方式所造成的损失导致高龄时无养老金可供支取的情况发生。为简单起见，我们假设在整个分配期中养老金都可以用于投资风险资产，其中，资产配置策略是重要的控制变量。

对于给付过程，一般的给付金额的大小是基于精算计算做出的。如在 ELA 模式中，给付额度为养老金余额除以一单位元生存年金的精算现值。此外，还有养老金余额除以预期生存年龄，或除以某一确定的数量，等等。布莱克、凯恩斯和多德（2003）利用数据模拟，比较了 PLA 模式、ELA 模式和 ELID 模式下养老金的最优资产配置策略的不同。在这些模式下，养老金给付金额都是根据特定的精算公式计算出来的。随着养老金管理行业的发展，参保者在选择给付金额和模式上被给予了更多的灵活性，他们可以较为自由地选择支取养老金的金额和时间。当然，也需要一些预防性的措施，以预防养老金被提前过度支取。由于参保者被给予了更多的选择资产配置和给付金额的灵活性，我们假设给付金额也是一个重要的控制变量。在卡普尔和欧尔萨格（Kapur and Orszag，1999）的研究中，参保者可以自由选择给付过程，以实现目标的最优化。迪贾钦托等（Di Giacinto et al.，2011）研究了在一类特殊的目标函数下，对资产配置策略和给付策略带有约束的控制优化问题。在本章中，由于养老金控制优化问题是一类时间不一致的随机控制优化问题，对控制策略的约束将极大地增加问题的难度，并无法获得解析解，因此，我们没有对控制策略的可行域加约束。此外，最优给付过程是重要的控制变量，为了简单起见，假设其容许的可行域为整个实数集。

对于生存者利益，布莱克、凯恩斯和多德（2003）建立了 ELA 模式下生存者利益对养老金积累水平的影响。生存者利益的建模依据为，早亡者的养老金账户余额总额将在生存者中进行平均分配。依据此规则，何和梁（2013）建立了带有生存者利益的连续时间养老金管理控制模型。在该研究中，个人养老金账户的资产水平变动服从连续时间的随机微分方程，这里面综合考虑了投资、给付和生存者利益对养老金资产水平的影响。

对于养老金管理者或者参保者的优化目标，由于不考虑参保者与管理者之间的委托—代理问题，我们认为两者的目标是一致的，即为参保者提供较高的养老福利。养老金管理的优化目标主要分为两类：一类为最大化给付的 CRRA 或者 CARA 效用，此类优化目标主要考虑收益层面；另一类为最小化实际给付与预期给付中枢的二次偏差，此类目标综合考率了对收益和风险层面的要求。其中，第一类优化目标涉及的文献有巴托基奥和梅农辛（2004）、米列夫斯基和扬（2007）等；第二类优化目标涉及的文献有凯恩斯、布莱克和多德（2000），杰勒德、哈伯曼和维尼亚（2004）等，他们将最小化实际给付与预期给付中枢的二次偏差作为优化目标。此为养老金管理领域应用最广的两类优化目标，不同的目标导致了差异较大的结果。在第一类优化目标下，养老金资产水平与风险承受能力是正相关的，即养老金积累越多的参保者越倾向于投资风险资产，这符合一般的常识。在第二类优化目标下，养老金资产水平与风险承受能力是负相关的，即养老金积累越多的参保者越倾向于投资无风险资产，这在一定程度上与常识相反。但是，随着行为金融学研究的深入，以上结果越来越得到了理论和实证检验结果的支持。

在本章中，养老金参保者希望实际给付接近一个目标值，这个目标值是与购买力挂钩的，即与当期工资相挂钩。而最小化实际给付与这个目标值的二次偏差即为最优化目标。

由于预期给付中枢为当期工资乘以一定比例（工资—养老金替代率），对工资过程的建模就显得格外重要。凯恩斯、布莱克和多德（2006）假设工资过程的变动满足对数正态过程。这里，我们假设工资过程满足对数正态形式的随机微分方程；同时，工资过程的随机源与风险资产收益率的随机源是存在相关性的。由于工资水平和风险资产投资水平都要受到经济发展水平等因素的共同影响，该假设是非常合理的。

我们首次考虑了与购买力挂钩的养老金最优给付和最优资产配置问题。利用随机最大化原理以及 HJB 方法（Øksendal and Sulem，2005），我们解决了养老金管理的控制优化问题，并得到了最优资产配置策略和最优给付策略的解析解。此外，利用蒙特卡罗方法，我们研究了养老金资产水平、目标替代率、风险资产回报率和波动率，以及工资过程的期望收益和方差对最优策略的影响。

8.2　DC 型养老金资产变动的连续时间精算模型

本节我们研究给付与购买力水平相挂钩的 DC 型养老金的最优资产配置与最优给付问题。在养老金的给付阶段，养老金积累被允许投资于风险资产，增加养老金的收益能力，以满足较高的养老给付需求；同时，养老金管理者和参保者被给予了更多的选择资产配置策略和给付策略的灵活性。因此，资产配置策略和给付策略是本节优化模型中的两个控制变量。

在 DC 型养老金的分配期，参保者个人账户的养老金积累水平主要受三个因素的影响：投资收益、给付分配以及生存者利益。生存者利益产生的背景是，在这种养老金模式下，早亡者的养老金余额将在所有生存者中间平均分配，不留遗产。

（1）我们建立参保者个人养老金账户资产水平变动满足的随机微分方程：

$$\Delta\delta_t^{\frac{1}{n}} = \pi \frac{S_{t+\frac{1}{n}}^1 - S_t^1}{S_t^1} + (1-\pi)\frac{S_{t+\frac{1}{n}}^0 - S_t^0}{S_t^0}$$

其中，n 为足够大的整数，使得 $\frac{1}{n}$ 为足够小的时间间隔；$\Delta\delta_t^{\frac{1}{n}}$ 表示在时间间隔 $\frac{1}{n}$ 内投资资产水平发生的变化，这个变化是由风险资产和无风险资产的收益共同决定的；S_t^1 为风险资产在时间 t 的价格；S_t^0 为无风险资产在时间 t 的价格；π 为在风险资产上的投资比例，是一个重要的控制变量，其容许的可行域为 $\pi \in (-\infty, +\infty)$，这表明对风险资产和无风险资产的卖空都是允许的。以上假设与实际情况存在一些出入。但是，考虑到在时间不一致控制优化问题中对控制策略加约束是非常难以解决的，我们扩大了 π 实际可容许的取值范围。

离散时间的养老金资产水平变化满足以下模型：

$$Y\left(t + \frac{1}{n}\right) = \left[Y(t)\left(1 + \Delta\delta_t^{\frac{1}{n}}\right) - p(t)\frac{1}{n}\right]\frac{1}{1 - \frac{1}{n}q_{x_0+t}} \tag{8.1}$$

其中，$Y(t)$ 为时刻 t 的养老金资产水平。$p(t)$ 为 t 时刻的给付，是一个重要的控制变量，其容许的可行域为 $p(t) \in (-\infty, +\infty)$。在此模型中，我们扩大了实际的可行域的范围，是为了避免在时间不一致的控制优化问题中对控制变量加约束。x_0 为分配期开始的年龄，即退休年龄。$\frac{1}{n}q_{x_0+t}$ 是一个精算符号，表示一个人在 $x_0 + t$ 年龄时存活，而在接下来的 $\frac{1}{n}$ 时间间隔中死亡的条件概率。式（8.1）从左至右，依次表达了投资收益、给付分配以及生存者利益对养老金资产水平的影响。

利用何和梁（2013）研究中的相似方法，我们将上述离散时间的控制优化问题转化为连续时间的控制优化问题。因为：

$$\frac{\frac{1}{n}q_{x_0+t}}{1 - \frac{1}{n}q_{x_0+t}} = \frac{1 - e^{-\int_0^{\frac{1}{n}}\mu(x_0+t+s)\,ds}}{e^{-\int_0^{\frac{1}{n}}\mu(x_0+t+s)\,ds}}$$

$$= e^{\int_0^{\frac{1}{n}}\mu(x_0+t+s)\,ds} - 1$$

$$\approx \mu(x_0 + t)\frac{1}{n} = O\left(\frac{1}{n}\right)$$

其中，$\mu(t)$ 为年龄为 t 时的死亡力。易见：

$$Y\left(t + \frac{1}{n}\right) = Y(t)\left(1 + \Delta\delta_t^{\frac{1}{n}}\right) - p(t) + \frac{1}{n} + Y(t)\mu(x_0 + t)\frac{1}{n} + o\left(\frac{1}{n}\right)$$

为了简单起见，这里采用棣莫弗死亡力模型，即：

$$\mu(x_0 + t) = \frac{1}{\omega - x_0 - t}$$

这里，ω 为生命表的最大生存年龄，即人最多存活到 $\omega - 1$ 岁。

此外，假设风险资产和无风险资产价格的变动满足概率空间 $(\Omega, \mathcal{F}, \{\mathcal{F}_t\}_{t \geqslant 0}, \mathbf{P})$ 上的随机微分方程：

$$dS^1(t) = S^1(t)\left(\mu_1 dt + \sigma_1 d\mathbf{B}_1(t)\right)$$

$$dS^0(t) = rS^0(t)dt$$

其中，$\mathbf{B}_1(t)$ 为适应滤子 $\mathcal{F}_t$ 的标准布朗运动；滤子 $\mathcal{F}_t$ 为时刻的信息集，t 时刻所有的决策都是基于这个信息集做出的；μ_1 和 σ_1 分别为风险资产投资的预期收益率和波动率；r 为无风险收益率。有以下结果：

$$
\begin{cases}
\mathrm{d}Y(t) = \left\{ [\pi(\mu_1 - r) + r]Y(t) + \dfrac{Y(t)}{\omega - x_0 - t} - p(t) \right\}\mathrm{d}t + \pi\sigma_1 Y(t)\mathrm{d}\mathbf{B}_1(t) \\
Y(0) = y_0
\end{cases}
$$

$$(8.2)$$

其中，y_0 为在分配期开始时养老金账户的资产水平。

（2）建立工资水平变化满足的随机模型。假设工资水平 $W(t)$ 满足以下随机微分方程：

$$
\begin{cases}
\mathrm{d}W(t) = \mu_2 W(t)\mathrm{d}t + \sigma_2 W(t)\mathrm{d}\mathbf{B}_2(t) \\
W(0) = \omega_0
\end{cases}
$$

$$(8.3)$$

其中，$\mathbf{B}_2(t)$ 为概率空间 $(\Omega, \mathcal{F}, \{\mathcal{F}_t\}_{t \geqslant 0}, \mathbf{P})$ 上的标准布朗运动，对滤子 $\mathcal{F}_t$ 是适应的；风险资产投资收益的随机源 $\mathbf{B}_1(t)$ 和工资过程的随机源 $\mathbf{B}_2(t)$ 满足以下相关性条件：$\mathrm{cov}(\mathbf{B}_1(s), \mathbf{B}_2(t)) = \rho(s \wedge t)$，$\forall s, t \geqslant 0$；$\mu_2$ 和 σ_2 分别为工资过程的预期增长率和波动率；ω_0 为分配期开始时的工资水平，即刚退休时的工资水平。

养老金管理者或参保者的优化目标是为参保者提供持续、稳健的养老金给付。最小化实际给付与预期给付中枢的二次偏差是一类被广泛使用的优化目标。其中，预期给付中枢为一个外生变量。这里，该目标与购买力水平相挂钩，是非常实际的模型。具体地，将当期工资水平乘以预期的养老金—工资替代率作为预期的给付水平中枢，如果实际给付接近这个预期水平，实际养老金可以满足参保者退休后与工作时相当的生活水平，满足参保者的养老需求。这里首次考虑了与给付购买力水平相挂钩的条件下，DC 型养老金在分配期的最优资产配置策略和最优给付策略问题。

此外，假设在生命表最大生存年龄的前一年，所有的养老金积累资金将作为最后一个给付，全部用来分配。由此，养老金随机控制优化问题的价值函数 $V(y, w, t)$ 为：

$$
\begin{aligned}
V(y,w,t) &= \min_{(\pi,p)\in\prod} \{J(\pi,p,y,w,t)\} \\
&= \min_{(\pi,p)\in\prod} \left\{ E_{(y,w,\pi,p;t)} \left[\int_0^{w-x_0-1} e^{-rs} {}_s p_{x_0} (p(s)-cW(s))^2 \mathrm{d}s \right. \right. \\
&\quad \left. \left. + \alpha e^{-r(w-x_0-1)} {}_{w-x_0-1} p_{x_0} (Y(w-x_0-1)-cW(w-x_0-1))^2 \right] \right\}
\end{aligned}
$$

$$(8.4)$$

其中，$E_{(y,w,\pi,p;t)}[\,\cdot\,]$ 表示给定了初始水平 $Y(t)=y$、$W(t)=w$、$p(t)=p$、$\pi(t)=\pi$ 的 t 时刻的条件期望。优化目标为 $J(\pi,p,y,w,t)$，其中 $\prod$ 为所有初始水平为 $p(t)=p$，$\pi(t)=\pi$ 的可容许的策略的集合。${}_s p_{x_0}$ 为一个精算符号，表示 x_0 岁的人在 x_0+s 岁仍然生存的条件概率。此外，有以下关系成立：${}_s p_{x_0} = e^{-\int_0^s \mu(x_0+s)\mathrm{d}s} = e^{-\int_0^{\frac{1}{w-x_0-s}}\mathrm{d}s}$。$c$ 为养老金—工资替代率的目标值，它表示目前工资的一定比例作为养老金可以满足较高的养老效果，这是一个外生变量，且满足 $c>0$。a 为一个非负的权重变量，度量了最后一次给付在效用函数中的重要性。式（8.4）中的各项分别表示实际给付与预期给付二次偏差的贴现值，加上生命表最大年龄上养老金余额与预期值二次偏差的贴现值。

养老金参保者或者管理者动态地选择在风险资产上的配置比例 π^* 以及最优的给付策略 p^*，来最小化上述二次偏差，即 $V(y,w,t)=J(\pi^*,p^*,y,w,t)$。

8.3　随机优化模型及其解析解

本节利用随机优化的最大值原理和 HJB 方法来解决前面建立的随机最优控制问题式（8.2）~式（8.4）。通过极大值原理，我们得到满足随机最优控制问题式（8.2）~式（8.4）的解 $\varphi(y,w,t)$ 满足以下 HJB 方程：

$$
\begin{aligned}
0 &= \min_{\pi,p} \left\{ \frac{\delta\varphi}{\delta y}\left\{ y\left[\pi(\mu_1-r)+r+\frac{1}{w-x_0-t} \right]-p \right\} + \frac{1}{2}\frac{\partial^2\varphi}{\partial y^2}\pi^2\sigma_1^2 y^2 \right. \\
&\quad \left. + \frac{\delta\varphi}{\delta w}w\mu_2 + \frac{1}{2}\frac{\partial^2\varphi}{\partial w^2}w^2\sigma_2^2 + \frac{\partial^2\varphi}{\partial w\partial y}\pi\sigma_1\sigma_2 wyp + \frac{\delta\varphi}{\delta t} + e^{-rt}e^{-\int_0^t \mu(x_0+s)\mathrm{d}s}(p-cw)^2 \right\}
\end{aligned}
$$

$$(8.5)$$

边界条件为：

$$\varphi(Y(w-x_0-1), W(w-x_0-1), w-x_0-1)$$
$$= \alpha e^{-r(w-x_0-1)} e^{-\int_v^{w-x_0-1} \mu(x_0+s)ds} (Y(w-x_0-1) - cW(w-x_0-1))^2 \quad (8.6)$$

将式（8.5）关于 π 和 p 分别求导，并令其等于 0，我们得到最优的反馈函数 π_* 和 p_*：

$$\pi_* = \frac{\varphi_y(r-\mu_1) - \varphi_{yw}\sigma_1\sigma_2 w\rho}{\varphi_{yy}\sigma_1^2 y}$$

$$p_* = \frac{\varphi_y e^{rt} e^{\int_0^{w-x_0-1} \mu(x_0+s)ds}}{2} + cw \quad (8.7)$$

利用边界条件式（8.6）的形式，猜测 HJB 方程的解 $\varphi(y, w, t) = \varphi(\pi, p, y, w, t)$ 有以下形式：

$$\varphi(\pi, p, y, w, t) = e^{-rt} e^{-\int_0^t \mu(x_0+s)ds} q(t) [y^2 + l(t)y + m(t)yw + n(t)w + j(t)w^2 + k(t)] \quad (8.8)$$

边界条件为：

$$q(w-x_0-1) = \alpha \quad l(w-x_0-1) = 0 \quad m(w-x_0-1) = -2c$$
$$n(w-x_0-1) = 0 \quad j(w-x_0-1) = c^2 \quad k(w-x_0-1) = 0$$

将上述假设代入式（8.8）和式（8.7），最优反馈函数有以下形式：

$$\pi_*(y, w, t) = \frac{[2y + l(t) + m(t)w](r-\mu_1) - m(t)\sigma_1\sigma_2 wp}{2\sigma_1^2 y} \quad (8.9)$$

$$p_*(y, w, t) = \frac{q(t)[2y + l(t) + m(t)w]}{2} + cw \quad (8.10)$$

将式（8.8）~式（8.10）代入式（8.5），令 y^2 的系数为 0，得到：

$$q'(t) + \left[r + \frac{1}{w-w_0-t} - \frac{(\mu_1-r)^2}{\sigma_1^2}\right]q(t) - q^2(t) = 0 \quad (8.11)$$

边界条件为：

$$q(w-x_0-t) = \alpha \quad (8.12)$$

为了解决常微分方程式（8.11）和式（8.12），令 $q(t) = u^{-1}(t)$，则有：

$$u'(t) - \left[r + \frac{1}{w - w_0 - t} - \frac{(\mu_1 - r)^2}{\sigma_1^2} \right] u(t) + 1 = 0 \tag{8.13}$$

边界条件为:

$$u(w - x_0 - 1) = \frac{1}{\alpha} \tag{8.14}$$

常微分方程式 (8.13) 和式 (8.14) 的解有以下形式:

$$u(t) = \frac{1}{w - x_0 - t} e^{M(t - (w - x_0 - 1))} \left(\frac{1}{\alpha} - \frac{1}{M} + \frac{1}{M^2} \right) + \frac{1}{M} - \frac{1}{M^2(w - x_0 - t)} \tag{8.15}$$

其中, $M = r - \frac{(\mu_1 - r)^2}{\sigma_1}$。综上所述:

$$q(t) = \cfrac{1}{u(t) = \cfrac{1}{w - x_0 - t} e^{M(t - (w - x_0 - 1))} \left(\cfrac{1}{\alpha} - \cfrac{1}{M} + \cfrac{1}{M^2} \right) + \cfrac{1}{M} - \cfrac{1}{M^2(w - x_0 - t)}} \tag{8.16}$$

将式 (8.8) ~ 式 (8.10) 代入式 (8.5), 令 yw 的系数为 0, 利用式 (8.11), 得到:

$$m'(t) + \left[\mu_2 - r - \frac{1}{w - x_0 - t} - \frac{\sigma_2 \rho (\mu_1 - r)}{\sigma_1} \right] m(t) - 2c = 0 \tag{8.17}$$

边界条件为:

$$m(w - x_0 - 1) = -2c \tag{8.18}$$

常微分方程式 (8.17) 和式 (8.18) 的解为:

$$m(t) = \frac{1}{w - x_0 - t} e^{-N(t - (w - x_0 - 1))} \left(-2c - \frac{2c}{N} - \frac{2c}{N^2} \right) + \frac{2c}{N} + \frac{2c}{N^2(w - x_0 - t)} \tag{8.19}$$

其中,

$$N = \mu_2 - r - \frac{\sigma_2 \rho (\mu_1 - r)}{\sigma_1}$$

将式 (8.8) ~ 式 (8.10) 代入式 (8.5), 令 y 的系数为 0, 利用式

(8.11)，得到：

$$l'(t) - \left[r + \frac{1}{w - x_0 - t}\right] l(t) = 0$$

边界条件为：

$$l(w - x_0 - 1) = 0$$

因此：

$$l(t) = 0$$

进一步地，将式（8.8）~ 式（8.10）代入式（8.5），令 w^2、w 和常数项分别等于 0，即可以建立 $n(t)$、$j(t)$ 和 $k(t)$ 满足的常微分方程，并得到其解析解。但是，由于 $n(t)$、$j(t)$ 和 $k(t)$ 与最优反馈函数 π_* 和 p_* 的形式无关，这里将相关计算略去。

随机过程 $W(t)$ 是由随机微分方程式（8.3）唯一决定的，是一个外生的过程。随机过程 $Y_*(t)$ 由随机微分方程式（8.2）唯一决定。其中，(π, p) 由最优反馈函数 $(\pi_*(Y_*(t), W(t), t), p_*(Y_*(t), W(t), t))$ 替换。$Y_*(t)$ 为满足随机优化问题式（8.2）~ 式（8.4）的最优状态过程。此外，利用厄克森达尔和萨利姆（2005）研究中的类似过程，可以证明随机最优控制问题式（8.2）~ 式（8.4）最优解的验证定理是成立的。最优资产配置策略和最优给付策略 $(\pi^*(t), p^*(t))$ 为最优反馈函数 $(\pi_*(\cdot, t), p_*(\cdot, t))$ 和最优状态过程 $Y_*(t)$ 的复合，即最优随机过程 $\pi^*(t) = \pi_*(Y_*(t), W(t), t)$ 和 $p^*(t) = p_*(Y_*(t), W(t), t)$ 分别为最优控制优化问题式（8.2）~ 式（8.4）的最优资产配置策略和最优给付策略。

综上所述，最优资产配置策略 $\pi^*(t)$ 和最优给付策略 $p^*(t)$ 有以下形式：

$$\pi^*(t) = \pi_*(y, w, t)\big|_{y = Y_*(t), w = W(t)} = \frac{r - \mu_1}{\sigma_1} + \frac{m(t)(r - \mu_1 - \sigma_1\sigma_2\rho)W(t)}{2\sigma_1^2 Y_*(t)}$$

$$(8.20)$$

$$p^*(t) = p_*(y, w, t)\big|_{y = Y_*(t), w = W(t)} = \frac{q(t)(2Y_*(t) + m(t)W(t))}{2} + cW(t)$$

$$(8.21)$$

由于 $n(\cdot)$、$j(\cdot)$、$k(\cdot)$ 的解析解是存在的，随机最优控制问题式（8.2）~式（8.4）的值函数 $V(y,m,t)\varphi(\pi_*(y,w,t),p_*(y,w,t),y,w,t)$ 如式（8.8）所定义。

8.4 经济意义分析

本节研究养老金积累水平、平均工资、风险投资的期望回报和波动率，以及平均工资的期望增长率和波动率对最优策略的影响。此外，通过蒙特卡罗方法研究最优策略过程随时间的演化。

在数值分析部分，我们利用蒙特卡罗方法随机生成养老金积累水平的10 000 条轨道。在每一步中，利用上一步结果计算得到最优控制策略 π^* 和 p^* 以及随机生成的布朗运动，通过式（8.20）和式（8.21）来重新计算最新的积累水平。同样地，利用外生的随机微分方程式（8.3），随机生成10 000 条平均工资过程的轨道。以此类推，每一步新的 π^* 和 p^* 利用式（8.20）和式（8.21），以及新的积累水平和新的平均工资计算出来。每一步的最优策略 π^* 和 p^* 都是 10 000 条轨道各个时间点上最优的 π^* 和 p^* 的平均值。接着，对利用以上方法得到的最优资产配置策略和最优给付策略进行研究。

利用资本市场和养老金管理实践中的实证经验建立以下假设。根据养老金管理实践，假设生命表最大的生存年龄为 $\omega = 110$。养老金给付阶段的初始年龄为 $x_0 = 60$ 岁，即参保者的退休年龄为 60 岁。利用资本市场的数据，假设无风险利率 $r = 0.02$，这是美国一年期国债的收益率。风险资产的期望收益率和波动率分别为 $\mu_1 = 0.08$ 和 $\sigma_1 = 0.35$，这是依据美国股票市场指数回归得到的。此外，假设平均公司的期望增长率和波动率分别为 $\mu_2 = 0.03$ 和 $\sigma_2 = 0.05$，这是根据美国劳工部公布的社会平均公司数据拟合得到的。风险资产与平均工资之间存在相关性，假设相关系数为 $\rho = 0.2$。对于参保者养老金账户的假设为，个人养老金账户的初始积累额为 $y_0 = 30$ 万美元，初始工资水平为 $w_0 = 3$ 万美元。在美国，由于大部分的养老资金是由 DC 型养老金提供的，我们假设目标的养老金—工资替代率为 $c = 0.6$。

易见，该假设为一个养老金不够充足的情景，这反映了在人口老龄化的大背景下，目前大多数国家养老金管理的困境。养老金参保者或者管理者需要将更多的资产配置于风险资产，并承受较少的前期养老金给付，以期保证 DC 型养老金管理的稳健和持续性。由于前期的给付与最后一期的给付在本质上是相同的，令 $\alpha = 1$。

（1）我们研究初始养老积累水平 y_0 对最优控制策略的影响。在图 8-1 中，积累水平与风险态度的反直觉结果仍然是成立的，即积累水平较低的参保者倾向于更多的风险资产投资，反之也成立。这种结论与经典的默顿模型的结论是相反的。由于目标函数为最小化实际给付和预期给付的二次偏差，前期积累不足的参保者只能选择承担更大的风险，以期获得较高的来自风险资产的收益。

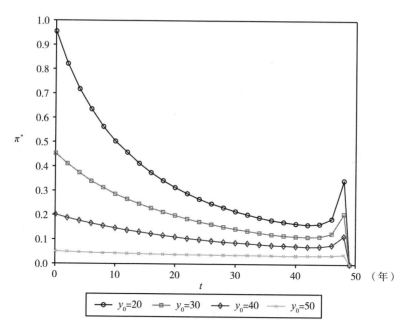

图 8-1　初始积累水平 y_0 对最优风险资产配置比例 π^* 的影响

在图 8-2 中，在整个给付期间，积累水平较低的参保者的给付水平都更低。此外，养老金给付对当期工资水平的替代水平随着时间的推移逐渐下降，这是因为风险资产的夏普（Sharpe）比率（夏普比率 $= \dfrac{\mu_1 - r}{\sigma_1}$）比平均工资水平的夏普比率小。

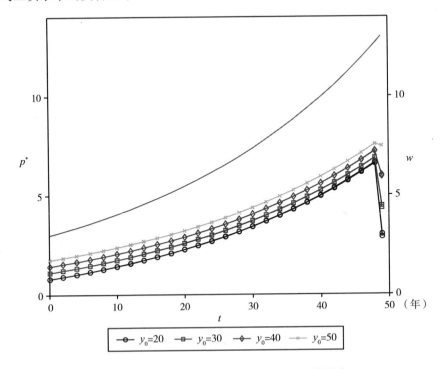

图 8 - 2　初始积累水平 y_0 对最优给付 p^* 的影响

此外，数值结果显示，最优资产配置策略和最优给付策略随时间变化逐渐收敛。这里，我们用较高积累水平的情景做例子。当初始积累水平较高时，在初始阶段的风险资产的配置比例较低，给付水平较高。随着时间的推移，由于采取了较为保守的投资策略，养老金积累水平的增长较为困难，此外，较高的给付水平也损伤了养老金积累的增长能力。在这种情景中，后期的风险资产配置比例将提高，给付将减少，这使得最优资产配置策略 $\pi^*(t)$ 和最优给付策略 $p^*(t)$ 随着时间的演进收敛于均衡水平。

（2）研究目标养老金—工资替代率对最优控制策略的影响。在图 8 - 3 中，目标替代率较高的参保者将更多的资产投资于风险资产。这类参保者需要承担更大的风险，以期增加养老金积累水平，并获得充足的后期给付，来满足较高的养老需求。

在图 8 - 4 中，更高的目标养老金—工资替代率的参保者有更高的工资

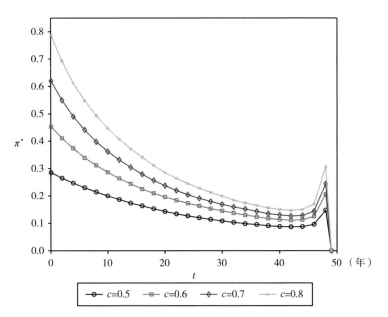

图 8-3　目标养老金—工资替代率 c 对最优风险资产配置比例 π^* 的影响

挂钩效率。这得益于在给付前期更高的风险资产配置比例，这种激进的配置策略极大地增加了养老金积累水平的增长潜力。

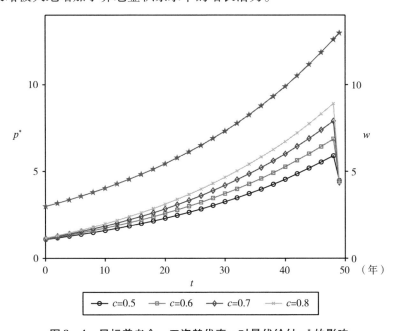

图 8-4　目标养老金—工资替代率 c 对最优给付 p^* 的影响

（3）研究风险投资的期望收益率 μ_1 对最优控制策略的影响。在图 8 - 5 中，风险资产的预期收益率与风险资产的最优配置比例是正相关的。当风险资产的预期收益率较高时，养老金参保者偏好将更多的资产投资于风险资产。在此情景下，养老金积累水平增长得更快，参保者在给付期可以获得更高的给付水平。这也是图 8 - 6 中风险资产的预期收益率与最优给付水平呈正相关关系的原因。

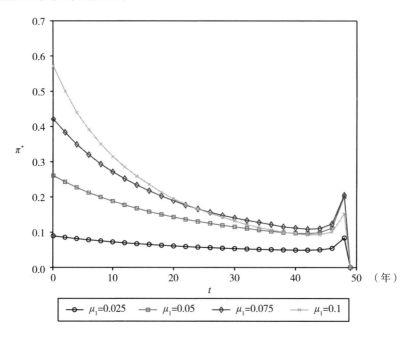

图 8 - 5　风险资产预期收益率 μ_1 对最优风险资产配置比例 π^* 的影响

（4）研究风险资产的波动率 σ_1 对最优控制策略的影响。图 8 - 7 和图 8 - 8 中，风险资产的波动率与最优风险资产配置比例和最优给付均呈负相关关系。更大的波动率增加了风险资产的波动性，降低了风险投资的吸引力，这导致积累水平的增长潜力较低，并降低了后期的给付水平。此外，数值模拟显示最优风险资产配置比例对波动率的变化是非常敏感的，但是给付水平是相对稳健的。

（5）研究平均工资的期望增长率 μ_2 对最优控制策略的影响。在图 8 - 9 和图 8 - 10 中，工资预期增长率与最优风险资产配置比例以及最优给付均是正相关的。我们研究工资的预期增长率从 0.01 增加到 0.07 的情况，这

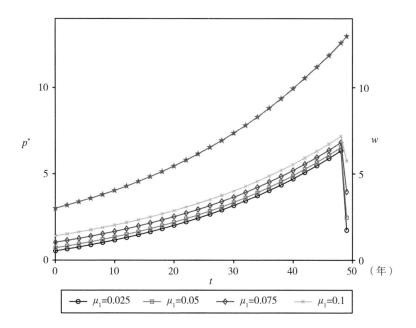

图 8 - 6　风险资产预期收益率 μ_1 对最优给付 p^* 的影响

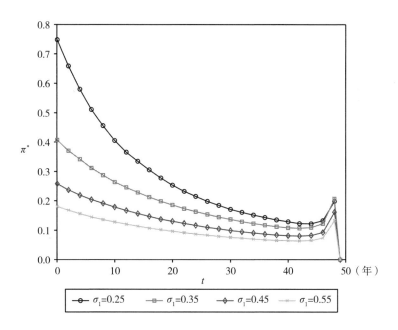

图 8 - 7　风险资产的波动率 σ_1 对最优风险资产配置比例 π^* 的影响

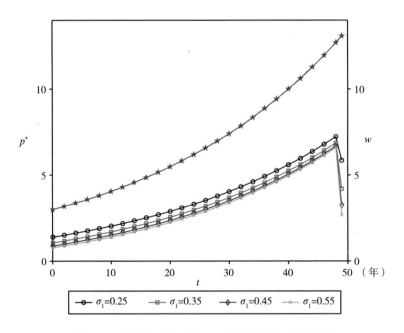

图 8-8　风险资产波动率 σ_1 对最优给付 p^* 的影响

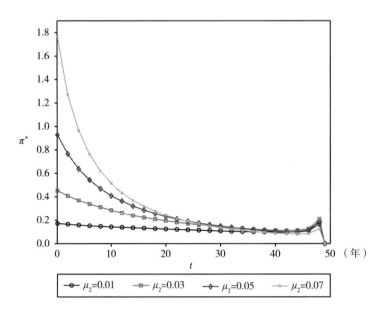

图 8-9　平均工资预期增长率 μ_2 对最优风险资产配置比例 π^* 的影响

个假设是合理的，因为在发展中国家通常有较高的工资增长率。易见，最优控制策略对于平均工资的增长率变化是非常敏感的。当工资增长率从

0.01 增加到 0.07 时，最优风险资产配置比例从 19% 变化至 180%，最优给付从 −1 变化至 50。在较高的工资预期增长率下，最优控制策略将超过实际可容许的策略集。

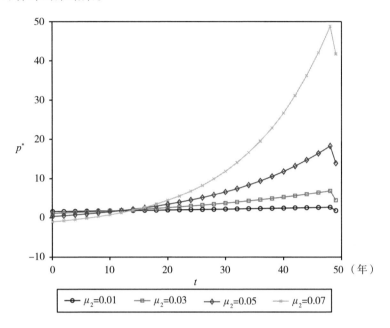

图 8 – 10　平均工资预期增长率 μ_2 对最优给付 p^* 的影响

（6）研究平均工资波动率 σ_2 对最优控制策略的影响。图 8 – 11 中，平均工资的波动率与最优风险资产配置比例呈正相关关系。工资水平更大的波动性表明需挂钩指数更大的波动性，这导致了更大的风险资产投资比例。在这种情景下，养老金参保者偏好承担更大的风险，以增加养老金积累水平，用于平抑不稳定的工资大幅增长风险。

在图 8 – 12 中，平均工资波动率与最优给付呈正相关关系。更大的波动性增加了风险资产投资比例，也增加了积累水平的增长潜力。养老金参保者可以在后期获得更高水平的给付。此外，最优控制策略对于平均工资的波动率变化是不敏感的。

本节研究了 DC 型养老金给付期的动态资产配置和最优给付问题，首次考虑了带有保持购买力水平目标的优化问题。这里的优化函数为最小化实际给付与目标给付的二次偏差。其中，目标给付用目标养老金—工资替

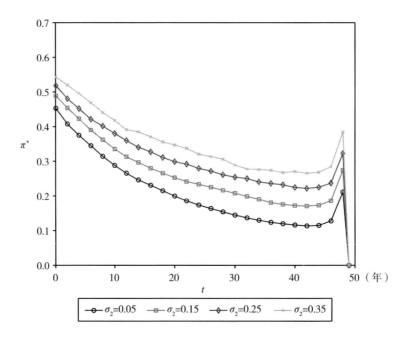

图 8-11　平均工资波动率 σ_2 对最优风险资产配置比例 π^* 的影响

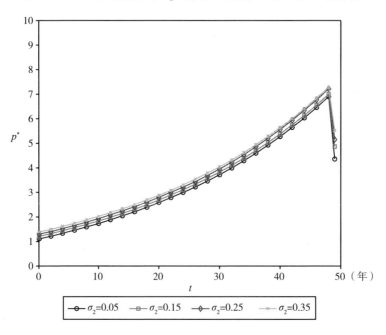

图 8-12　平均工资波动率 σ_2 对最优给付 p^* 的影响

代率乘以当期工资来表达，这反映了与购买力相挂钩的养老金给付目标。此外，我们假设平均工资与风险资产存在一定的相关性。利用随机最大值原理，我们建立了最优策略的解析解。通过蒙特卡罗方法，验证了最优风险资产配置比例与养老金积累水平的反直觉结果。此外，目标养老金—工资替代率、风险资产预期收益率、平均工资期望增长率和波动率与风险资产配置比例和最优给付呈正相关关系；而风险资产的波动率与风险资产配置比例和最优给付呈负相关关系。此外，最优策略随着时间的演进均呈收敛的状态。

第 9 章

DC 型养老金最优模式选择

9.1 研究背景

本章研究对于不同的健康状况和遗产动机的参保者，在 ELA 养老金模式和 ELID 养老金模式下的最优控制问题，以及最优的模式选择问题。在 ELA 养老金模式中，生存的参保者会获得生存者利益，并且在死亡时不留遗产。而在 ELID 养老金模式中，死亡参保者的养老金余额会作为遗产，这部分余额不会在其他生存的参保者中间进行分配。参保者通过控制资产配置策略和给付策略来实现目标的最优化。我们首次将实际给付与预期给付的二次偏差加总实际遗产与预期给付的二次和负一次偏差定义为负效用。最小化上述负效用函数为随机最优控制问题的优化目标。利用 HJB 方程以及变分不等式方法，我们得到了在 ELA 和 ELID 养老金模式下的最优控制策略的解析解。此外，界定了 ELA 和 ELID 养老金最优模式选择的边界。我们首次研究了在新的效用函数下，不同的健康水平和遗产动机对最优策略和最优养老金模式选择的影响。健康状况越差、遗产动机越高的参保者更偏好 ELID 模式的养老金，反之亦成立。健康状况越差的参保者会增加在风险资产上的投资比例，并提高给付水平。在 ELID 模式下，遗产动机的高低与风险资产投资比例呈正相关关系，并与给付水平呈负相关关系。本章研究了异质的健康水平和遗产动机对最优养老金模式和策略的影响。

在 DC 型养老金发展的初期，养老金余额在参保者退休时被强制用于购买生存年金，以预防养老金被提前过度支取，或由于投资失误遭致损失。但是，在大多数以 DC 型养老金为主要模式的国家，养老金的余额都不足以维持较高的退休后福利，因此，养老金余额在退休后的一段时间被允许用于风险资产的投资。在 ELA 和 ELID 模式养老金中，参保者可以选择在风险资产上的投资比例来实现目标的最优化。因此，资产配置策略是一个重要的控制策略。此后，在经典的默顿（1969）框架下，最优控制策略被广泛用于养老金管理问题研究中。凯恩斯（2000）、霍萨－丰贝利达和林孔－萨帕特罗（2001）假设风险资产价格变动服从几何布朗运动，并在此假设下研究最优策略选择问题。以上文献给本章对 ELA 和 ELID 模式养老金的建模和求解提供了重要的参考价值。

在 ELA 养老金模式下，死亡参保者的养老金余额在生存者中间平均分配，即为生存者利益；同时，在参保者死亡时不留遗产。在 ELID 养老金模式下，死亡参保者的养老金余额作为遗产进行分配，并不是在其他生存者间进行分配。本章将何和梁（2013）的结果进行拓展，并利用恒定死亡力模型描述了养老金积累额的动态变化。在 ELA 模式养老金管理实践中，米列夫斯基和罗宾逊（2000），以及阿尔布雷克特和莫勒（Albrecht and Maurer，2001）将当期养老金余额除以 1 单位元生存年金的精算现值，作为当期的给付金额。随着养老金管理行业的发展，养老金参保者被给予了越来越多的自主选择给付金额的权利。因此，在本章的模型中，给付策略也是一个重要的控制变量。同时，参考米列夫斯基和扬（2007）的研究，为了防止养老金被过度支取，我们假设存在一个强制的转换时间。当参保者年龄到达这个转换时间时，所有的养老金余额被强制转换为生存年金。

对于优化目标的选择，养老金参保者选择合适的控制策略来最大化退休后的福利。养老金管理的优化目标大体分为两类：最大化给付获得的 CRRA 效用和 CARA 效用，以及最小化实际给付与预期给付的二次偏差定义的负效用。

在前一个优化目标框架下进行研究的文献有巴托基奥和梅农辛（2004）、米列夫斯基和扬（2007），他们分别选择了给付的幂次效用和指数效用作为优化目标。后一个优化目标源自博德利和利·卡尔齐（2000）的开创性工作，他们将实际与预期值的偏差作为成本函数，即负效用函数。在 DC 型养老金管理中，凯恩斯（2000）以及维尼亚和哈伯曼（2001）

将实际给付与预期给付的二次偏差作为负效用函数。在 ELA 养老金模式中，我们选用此种效用函数作为优化目标。在 ELID 养老金模式中，为了考虑遗产提供的效用，我们在上述二次偏差基础上，加上实际给付与预期给付间的负的一次偏差项作为完整的优化目标。最小化该负效用函数，以表示对更多遗产的偏好，即遗产动机。该创新的优化目标受到了张等（2003）研究的启发，他们在传统的负效用函数中加入了负的一次偏差，以表达对正向偏差的偏好。本章将解决在此创新的效用函数下的动态策略选择问题。

不同的健康状况和遗产动机对 ELA 和 ELID 养老金模式下的最优策略选择有较大的影响。实证数据显示了以下统计性结果。伯恩海姆（1991）发现，有较强的遗产动机的参保者倾向于选择 ELID 模式。布朗（Brown，2001），以及芬克尔斯坦和波特巴（Finkelstein and Poterba, 2002）的结果验证了布鲁贾维尼（Brugiavini, 1993）通过理论建模得到的结论，即健康状况较差的参保者更偏好选择 ELID 模式。我们假设养老金参保者带有异质的健康状况和遗产动机，并研究不同的健康状况和遗产动机对养老金模式选择的影响。这是首次在创新的效用函数下研究 ELA 和 ELID 模式下养老金管理的最优策略问题。利用 HJB 方法和变分不等式方法，以及恩威拉和杰勒德（2007）研究中的类似步骤，我们解决了上述最优随机控制问题，并建立了最优资产配置策略和最优给付策略的解析解。利翁和斯尼特曼（1984）的研究结果就保证了养老金资产过程是被随机方程和最优反馈函数唯一决定的。进而，我们利用蒙特卡罗方法研究了不同的健康状况和遗产动机对最优控制策略的影响。

9.2 ELA 和 ELID 模式养老金管理问题建模

本节研究在异质健康状况和遗产动机条件下，ELA 和 ELID 模式养老金在给付期的最优资产配置策略和最优给付策略。养老金管理者或参保者选择最优的控制策略，以实现最优化目标。为了防止养老金被过度提前支取，在参保者达到某一年龄时，养老金被全部强制转化为生存年金。由于养老金参保者的目标为退休后获取持续和稳定的养老金给付，在 ELA 模式养老金中，我们将优化目标设定为最小化实际给付与预期给付的二次偏差，即最小化负效用函数。在 ELID 模式养老金中，为了考虑遗产产生的效用，在负效用函数中加入遗产与预期给付的负的一次偏差来表达对更高遗产的偏好。一次偏差的权重度量了遗产动机的大小。更大的权重表示对更高遗产的偏好，即风险厌恶程度更低。

假设参保者的个人健康状况是不同的。养老保险的保费是依据所有参保者的综合健康状况，并利用大数定律来计算的。其中，存活的参保者的生存者利益是通过参保者全体的死亡和生存规律统计计算得到的；同时，假设参保者的健康状况和实际死亡概率是不同的，而且个人死亡概率只有参保者本人有精确的预期。对死亡概率的不同预期导致了不同的负效用函数的形式、不同的最优策略，以及在 ELA 和 ELID 模式中的不同选择。

接下来，我们延拓了何和梁（2013）的模型，以建立 ELA 和 ELID 养老金模式下资产积累水平变动满足的连续时间随机微分方程。首先，建立两种养老金模式下资产积累水平变动的动态模型。在概率空间 $(\Omega, \Im, \{\Im_t\}_{t \geq 0}, P)$ 中，无风险资产和风险资产的价格变动遵循以下两个随机微分方程：

$$dS^0(t) = rS^0(t)dt$$
$$dS^1(t) = S^1(t)\{cdt + \sigma dB(t)\}$$

其中，$S^0(t)$ 和 $S^1(t)$ 分别为无风险资产和风险资产在时刻 t 的价格；r 为无风险收益率；c 和 σ 分别为风险资产的预期收益率和波动率。$\{B(t),$ $t \geq 0\}$ 为概率空间 $(\Omega, \Im, \{\Im_t\}_{t \geq 0}, P)$ 上满足一般条件（哈伯曼和维尼亚，2002）的标准布朗运动。$\Im_t$ 表示所有 t 时刻信息形成的信息集，且 t 时刻的策略都是基于此信息集做出的。

9.2.1　ELA 模式养老金模型

在 ELA 模式养老金的给付阶段，资产水平的变动主要受三个因素的影响：投资收益、给付和生存者利益。在传统的 ELA 模式养老金中，给付水平是通过将养老金余额除以单位生存年金的精算现值得到的，即养老金在退休时全部转换为生存年金，并以生存年金的方式支取。这是出于防止将养老金过早支取殆尽的考虑。随着养老金管理模式的演化，养老金参保者被给予了更多的自由选择给付水平的灵活性。这里，资产配置策略和给付策略是两个重要的控制策略。

利用何和梁（2013）描述生存者利益的类似方法，我们建立了养老金资产水平满足的随机微分方程：

$$dY_1(t) = \left\{ \left[\pi_1(c-r) + r \right] Y_1(t) + \mu^O Y_1(t) - p_1(t) \right\} dt + \pi_1 \sigma Y_1(t) dB(t)$$

$$Y_1(0) = y_0 \tag{9.1}$$

其中，$Y_1(t)$ 为 t 时刻的养老金资产水平；$\pi_1(t)$ 为在风险资产上的投资水平，$1 - \pi_1(t)$ 为在无风险资产上的投资水平；$p_1(t)$ 为给付水平占资产水平的比例。控制变量$(\pi_1(t), p_1(t))$ 的可行域为$(-\infty, +\infty) \times (-\infty, +\infty)$。以上关于可行域的假设是为了避免在时间不一致问题中研究带约束的优化问题；同时，这也是在获得解析解和符合养老金管理实践中的一个平衡。在养老金管理实践中，控制变量$(\pi_1(t), p_1(t))$ 的实际可行域为$[0, 1] \times [0, Y_1(t)]$，即卖空风险资产和无风险资产都是不允许的，且给付不能超过当时的养老金余额。幸运的是，在实际数据中，最优策略超出以上实际可行域的概率是非常低的。μ^O 为依据所有参保者死亡概率估计出来的死亡力。这里，生存者利益是由以下 ELA 模式养老金的运行机制产生的，即死亡参保者的养老金余额将在所有生存的参保者中间平均分配，不产生遗产。在本章中，我们采用恒定死亡力模型来描述生存者利益对养老金资产水平的影响。y_0 为初始的养老金资产水平，即退休时积累的养老金余额。式（9.1）依次表示投资收益、生存者利益和给付水平对养老金资产水平的影响。

由于给付水平是一个重要的控制变量，需要增加一些条件以防止养老金资产被过早支取的情况发生。我们假设存在强制转换时间 T。当参保者年龄达到该强制转换时间时，养老金余额将全部投资于无风险资产，并按照生存年金的精算规律进行给付。即：

$$\pi_1(t) = 0 \quad p_1(t) = \frac{Y_1(T)}{\ddot{a}^O_{x_0+T}} \quad \forall T \leq t < +\infty$$

这里，$\ddot{a}^O_{x_0+T}$ 为 x_0+T 岁人的单位生存年金的精算现值，这是基于所有参保者的生存和死亡规律做出的统计性结果。该精算现值满足以下等式：

$$\ddot{a}^O_{x_0+T} = \int_0^{+\infty} e^{-rs}\, {}_sp^O_{x_0+T}\mathrm{d}s = \int_0^{+\infty} e^{-rs}\, e^{-\int_0^s \mu^O \mathrm{d}u}\mathrm{d}s = \frac{1}{\mu^O + r}$$

其中，${}_sp^O_{x_0+T}$ 为在 x_0+T 岁存活的人，在 x_0+T+s 岁仍然存活的概率。因为该生存年金的精算现值是基于所有参保者的生存规律做出的，这里我们选用 μ^O 作为恒定死亡力。

基于实证研究的结果，养老金参保者的最优化目标为最大化退休后的养老效用。被广泛用于养老金管理的优化目标为最小化实际给付与预期给付的二次偏差。其中，预期给付是综合考虑购买力水平、经济发展水平、工资水平设定的外生变量，实际给付应该接近于这个预期值，过高或者过低的给付水平都会受到惩罚。

参考恩威拉和杰勒德（2007）的研究结果，我们选用最小化实际给付与预期给付的二次偏差作为优化目标。因此，定义值函数 $V_1(y,t)$ 有以下形式：

$$\begin{cases} V_1(y,t) = \min_{(\pi_1,p_1)\in\Pi_t}\{J_1(\pi_1,p_1,y;t)\} = \min_{(\pi_1,p_1)\in\Pi_t} E_{(\pi_1,p_1,y;t)} \\ \qquad \left\{\int_t^T e^{-rs}\, {}_sp^S_{x_0}(p_1(s) - NP)^2\mathrm{d}s + \int_T^{+\infty} e^{-rs}\, {}_sp^S_{x_0}\left(\frac{Y_1(T)}{\ddot{a}^O_{x_0+T}} - NP\right)^2\mathrm{d}s\right\} \\ Y_1(0) = y_0 \end{cases}$$

(9.2)

其中，$E_{(\pi_1,p_1,y;t)}[\ \cdot\ ]$ 为将初始值替换为 $Y_1(t)=y$、$p_1(t)=p_1$、$\pi_1(t)=\pi_1$ 的条件期望。最优化函数为 $J_1(\pi_1,p_1,y;t)$。Π_t 为将初始值替换为 $p_1(t)=p_1$、$\pi_1(t)=\pi_1$ 的可容许策略组成的可行域。NP 为设定的预期给付中枢，这是满足较高水平的养老福利必需的养老金给付水平，为外生变量，满足 $NP>0$。${}_sp^S_{x_0}$ 为 x_0 岁存活的人在 x_0+s 岁仍然存活的概率。${}_sp^S_{x_0} = e^{-\int_0^s \mu^S \mathrm{d}s}$，其中 μ^S 为表征参保者个人健康水平的死亡力。因为参保者的健康水平是异质的，他们的生存和死亡概率也是不同的。在目标函数中，我们采用参保者个人的死亡力，以表示不同的健康水平对效用函数的影响。式（9.2）依次表示强制转换前的给付和强制转换后的给付带来的负效用，最小化该负效用即为参保者的全局优化目标。

最优资产配置策略 π_1^* 和最优给付策略 p_1^* 被称为最优控制策略，如果 $(\pi_1^*, p_1^*) \in \Pi_t$，并且满足：

$$V_1(y,t) = J_1(\pi_1^*, p_1^*, y; t)$$

至此，ELA 模式养老金的随机最优控制模型式（9.1）和式（9.2）已经建立。下一步的主要工作为建立最优控制策略 (π_1^*, p_1^*) 的解析解。

9.2.2 ELID 模式养老金模型

在 ELID 养老金模式下，参保者通过控制资产配置策略和给付策略以实现目标的最优化。与 ELA 模式养老金不同的是，ELID 模式养老金生存的参保者不会获得生存者利益，但在死亡时可以将养老金余额作为遗产。ELID 模式养老金资产水平的变动满足以下随机微分方程：

$$dY_2(t) = \{[\pi_2(c-r) + r]Y_2(t) - p_2(t)\}dt + \pi_2\sigma Y_2(t)dB(t)$$
$$D_2(\tau_d) = Y_2(\tau_d)$$
$$Y_1(0) = y_0 \tag{9.3}$$

其中，$Y_2(t)$ 为 t 时刻的养老金资产水平；$\pi_2(t)$ 为在风险资产上的投资水平；$1 - \pi_2(t)$ 为在无风险资产上的投资水平；$p_2(t)$ 为给付水平占资产水平的比例。控制变量 $(\pi_2(t), p_2(t))$ 的可行域为 $(-\infty, +\infty) \times (-\infty, +\infty)$。$D_2(\tau_d)$ 为 τ_d 时间获得的遗产，即当时的养老金余额。这里，τ_d 为参保者的死亡时间，是一个随机变量。

在优化目标方面有以下创新。在传统的由给付定义的负效用函数中，需要添加由遗产形成的负效用。因此，我们在传统的负效用函数中加入实际遗产与预期给付中枢的二次偏差和负一次偏差。单独的二次偏差代表没有遗产动机的参保者的情况，在此情况下，最后一次给付（遗产）应该接近预期给付。这种情况适用于高龄参保者，由于他们没有未成年子女需要抚养，遗产动机不强。负的一次偏差表示有遗产动机的参保者的情况，这种情况适用于较年轻的参保者，他们需要抚养未成年子女，给付教育费用，因此具有较强的遗产动机。由于优化目标为最小化负效用函数，负的一次偏差实际表示对更高的遗产水平的偏好。因此，我们定义值函数 $V_2(y,t)$ 为：

$$
\begin{cases}
V_2(y,t) = \min_{(\pi_2,p_2)\in\Pi_t}\{J_2(\pi_2,p_2,y;t)\} = \min_{(\pi_2,p_2)\in\Pi_t} E_{(\pi_2,p_2,y;t)} \\
\qquad \left\{ \int_t^T e^{-rs}\,_s p_{x_0}^S (p_1(s)-NP)^2 ds + \int_T^{+\infty} e^{-rs}\,_s p_{x_0}^S \left(\frac{Y_2(T)}{\ddot{a}_{x_0+T}^o} - NP \right)^2 ds \right\} \\
\qquad + E_{(\pi_2,p_2,y;t)}\left\{ E_{(\tau_d)}\left[e^{-r\tau_d}(\alpha(D_2(\tau_d)-NP)^2 - \beta(D_2(\tau_d)-NP)) \right] \right\} \\
Y_1(0) = y_0
\end{cases}
$$

$$(9.4)$$

其中，$E_{(\pi_2,p_2,y;t)}[\cdot]$ 为将初始值替换为 $Y_2(t)=y$、$p_2(t)=p_2$、$\pi_2(t)=\pi_2$ 的条件期望。最优化函数为 $J_2(\pi_2,p_2,y;t)$。Π_t 为所有可行域为 $(-\infty, +\infty)\times(-\infty,+\infty)$ 的控制策略 (π_2,p_2) 组成的集合。τ_d 为参保者的死亡时间，这是一个随机变量，由参保者的健康状况所决定。$E_{(\tau_d)}[\cdot]$ 为关于死亡时间的期望。α 为权重变量，度量没有遗产动机的参保者的最后一次给付形成的负效用在整个效用函数中的重要性，且 $\alpha>0$。β 为另一个权重变量，度量有遗产动机的参保者由遗产形成的负效用在整个效用函数中的重要性，且 $\beta>0$。

经过简单的概率变换，值函数有以下形式：

$$
\begin{cases}
V_2(y,t) = \min_{(\pi_2,p_2)\in\Pi_t}\{J_2(\pi_2,p_2,y;t)\} = \min_{(\pi_2,p_2)\in\Pi_t} E_{(\pi_2,p_2,y;t)} \\
\qquad \left\{ \int_t^T e^{-rs}\,_s p_{x_0}^S (p_1(s)-NP)^2 ds + \int_T^{+\infty} e^{-rs}\,_s p_{x_0}^S \left(\frac{Y_2(T)}{\ddot{a}_{x_0+T}^o} - NP \right)^2 ds \right. \\
\qquad \left. + \int_t^T e^{-rs}\,_s p_{x_0}^S \mu^S \left[\alpha(D_2(\tau_d)-NP)^2 - \beta(D_2(\tau_d)-NP) \right] ds \right\} \\
Y_2(0) = y_0
\end{cases}
$$

$$(9.5)$$

式（9.5）中的各项依次表示强制转换前和强制转换后实际给付与预期给付的二次偏差，以及遗产和预期中枢的二次偏差和负的一次偏差。最优化目标为最小化上述负效用函数，即最大化由给付和遗产提供的养老效用。

最优资产配置策略 π_2^* 和最优给付策略 p_2^* 被称为最优控制策略，如果 $(\pi_2^*, p_2^*) \in \Pi_t$，并且满足：

$$V_2(y,t) = J_2(\pi_2^*, p_2^*, y; t)$$

至此，ELID 模式养老金的随机最优控制模型式（9.3）~式（9.5）已经建立。下一步的主要工作为建立最优控制策略 (π_2^*, p_2^*) 的解析解。

本节首次建立了带有遗产效用和给付效用的 ELID 养老金管理的优化模型。下一节将求解 ELA 和 ELID 养老金模式下的最优策略的解析解。此外，我们将研究异质的个人健康水平、遗产动机对最优策略和最优养老金模式选择的影响。

9.3 随机控制优化问题的解

本节利用伊藤随机分析和变分方法解决随机控制问题式（9.1）和式（9.2），以及式（9.3）~式（9.5）。首先，建立最优反馈函数和值函数满足的 HJB 方程。其次，通过 HJB 方程得出最优反馈函数的形式。利翁和斯尼特曼（1984）的研究结果保证了养老金资产过程满足的随机微分方程的解被最优反馈函数所唯一决定。这个唯一决定的解被称为最优状态过程。最后，通过将最优反馈函数和最优状态过程复合在一起，我们得到了最优策略的解析形式。

（1）建立满足随机最优控制问题式（9.1）和式（9.2），以及式（9.3）~式（9.5）的 HJB 方程。这里，将两个模型的最优解满足的 HJB 方程整合为以下形式：

将 HJB 方程的解设定为 $\varphi_i(\pi_i, p_i, y; t), i = 1, 2$。其中，$\varphi_1(\pi_1, p_1, y; t)$ 和 $\varphi_2(\pi_2, p_2, y; t)$ 分别为 ELA 和 ELID 养老金模式下最优策略满足的随机微分方程的解。

利用 HJB 变分方法和伊藤公式，易见 $\varphi_i(\pi_i, p_i, y; t), i = 1, 2$ 满足以下 HJB 方程：

$$0 = \min_{\pi_i, p_i} \left\{ \frac{\partial \varphi_i}{\partial y} \left[y(\pi_i(c-r) + r + \delta_i \mu^o) - p_i(t) \right] + \frac{1}{2} \frac{\partial^2 \varphi_i}{\partial y^2} \pi_i^2 \sigma^2 y^2 \right.$$

$$+ \frac{\partial \varphi_i}{\partial t} + e^{-rt} e^{-\int_0^t \mu^S ds} (p_i(t) - NP)^2 + (1 - \delta_i) e^{-rt} e^{-\int_0^t \mu^S ds} \mu^S [\alpha(y(t)$$

$$- NP)^2 - \beta(y(t) - NP)]\} \tag{9.6}$$

边界条件为:

$$\varphi_i(\pi_i, p_i, Y_i(T); T) = e^{-(\mu^S + r)T} \frac{1}{\mu^S + r} \left(\frac{Y_i(T)}{\ddot{a}_{x_0+T}^o} - NP \right)^2 \tag{9.7}$$

其中, $\delta_1 = 1$, $\delta_2 = 0$ 。式 (9.6) 为 ELA 和 ELID 模式下养老金管理问题满足的随机最优控制问题的解。

将式 (9.6) 分别对于 π_i 和 p_i 求导, 并令导数等于 0, 可以得到以下最优反馈函数的形式 $\pi_{i*}(y; t)$ 和 $p_{i*}(y; t)$, $i = 1, 2$ 。

$$\begin{cases} \pi_{i*}(y; t) = \dfrac{\dfrac{\partial \varphi_i}{\partial y}(r - c)}{\dfrac{\partial^2 \varphi_i}{\partial y^2} \sigma^2 y} \\ \\ p_{i*}(y; t) = \dfrac{\dfrac{\partial \varphi_i}{\partial y} e^{(r + \mu^S)t}}{2} + NP \end{cases}$$

利用边界条件式 (9.7), 猜测最优解 $\varphi_i(\pi_i, p_i, y; t)$ 有以下形式:

$$\varphi_i(\pi_i, p_i, y; t) = e^{-(\mu^S + r)t} Q_i(t)(y^2 - 2S_i(t)y + R_i(t)) \tag{9.8}$$

其中, $Q_1(t)$ 、 $S_1(t)$ 和 $R_1(t)$ 是在 ELA 养老金模式下, 关于 t 的待定函数。 $Q_2(t)$ 、 $S_2(t)$ 和 $R_2(t)$ 是在 ELID 养老金模式下, 关于 t 的待定函数。关于函数 $Q_i(t)$ 、 $S_i(t)$ 和 $R_i(t)$, $i = 1, 2$ 的边界条件为:

$$\begin{cases} Q_i(T) = \dfrac{(\mu^o + r)^2}{\mu^S + r} \\ \\ S_i(T) = \dfrac{NP}{\mu^S + r} \\ \\ R_i(T) = \dfrac{NP^2}{(\mu^S + r)^2} \end{cases} \tag{9.9}$$

由此, 最优反馈函数有以下形式:

$$\begin{cases} \pi_{i*}(y;t) = \dfrac{(y - S_i(t))(r-c)}{y\sigma^2} \\[3mm] p_{i*}(y;t) = Q_i(t)(y - S_i(t)) + NP \end{cases} \tag{9.10}$$

至此，只需要证明式（9.6）对于任意 $0 < t \leqslant T$ 都是成立的。

此外，由式（9.8）易见：

$$\begin{cases} \dfrac{\partial \varphi_i}{\partial y} = 2e^{-(r+\mu^S)t} Q_i(t)(y - S_i(t)) \\[3mm] \dfrac{\partial^2 \varphi_i}{\partial y^2} = 2e^{-(r+\mu^S)t} Q_i(t) \\[3mm] \dfrac{\partial \varphi_i}{\partial t} = -re^{-(r+\mu^S)t} Q_i(t)(y^2 - 2S_i(t) + R_i(t)) - \mu^S e^{-(r+\mu^S)t} Q_i(t)(y^2 - 2S_i(t) \\[2mm] \qquad\quad + R_i(t)) + e^{-(r+\mu^S)t} Q_i'(t)(y^2 - 2S_i(t) + R_i(t)) \\[2mm] \qquad\quad + e^{-(r+\mu^S)t} Q_i(t)(-2S_i'(t) + R_i'(t)) \end{cases} \tag{9.11}$$

将式(9.10)和式(9.11)代入式(9.6)，随机最优控制问题的最优解满足的 HJB 方程为：

$$\begin{aligned} 0 =\ & r - re^{-(r+\mu^S)t} Q_i(t)(y^2 - 2S_i(t) + R_i(t)) + \mu^S Q_i(t)(y^2 - 2S_i(t) \\ & + R_i(t)) - Q_i'(t)(y^2 - 2S_i(t) + R_i(t)) + Q_i(t)(2S_i'(t) - R_i'(t)) \\ & + 2Q_i(t)(y - S_i(t)) \left[\frac{(c-r)^2(y - S_i(t))}{\sigma^2} - ry - \delta_i \mu^O y \right. \\ & \left. + Q_i(t)(y - S_i(t)) + NP \right] - Q_i(t)\frac{(c-r)^2(y - S_i(t))^2}{\sigma^2} \\ & - [Q_i(t)(y - S_i(t))]^2 - (1 - \delta_i)\mu^S [\alpha(y - NP)^2 - \beta(y - NP)] \\ & \qquad\qquad\qquad i = 1, 2 \end{aligned} \tag{9.12}$$

在 ELA 模式养老金模型中，$i = 1$，$\delta_i = 1$。令式（9.12）中关于 t 的二次项的系数为 0，得到下述黎卡提（Riccati）常微分方程：

$$Q_1' + \left(2\mu^O - \mu^S + r - \frac{(c-r)^2}{\sigma^2} \right) Q_1 - Q_1 = 0 \tag{9.13}$$

令 $Q(t) \equiv u^{-1}(t)$，那么：

$$u' - \left(2\mu^o - \mu^s + r - \frac{(c-r)^2}{\sigma^2}\right)u + 1 = 0 \tag{9.14}$$

边界条件为：

$$u(T) = \frac{\mu^s + r}{(\mu^o + r)^2}$$

式 （9.14） 的解为：

$$u(t) = \left(\frac{\mu^s + r}{(\mu^o + r)^2} - \frac{1}{M}\right)e^{M(t-T)} + \frac{1}{M}$$

其中，$M = 2\mu^o - \mu^s + r - \frac{(c-r)^2}{\sigma^2}$。因此，式 （9.13） 的解为：

$$Q_1(t) = \frac{1}{\left(\dfrac{\mu^s + r}{(\mu^o + r)^2} - \dfrac{1}{M}\right)e^{M(t-T)} + \dfrac{1}{M}} \tag{9.15}$$

令式 （9.12） 中关于 t 的系数的一次项为 0，得到：

$$S_1' - (\mu^o + r)S_1 + NP = 0 \tag{9.16}$$

式 （9.16） 的解为：

$$S_1(t) = \frac{NP}{\mu^o + r} \tag{9.17}$$

令式 （9.12） 中关于 t 的系数的常数项为 0，得到以下 $R_1(t)$ 满足的常微分方程：

$$R_1' - \left(\mu^o + r - \frac{Q_1'}{Q_1}\right)R_1 - \left[\frac{(c-r)^2}{\sigma^2}S_1 + Q_1 S_1 - 2NP \cdot S_1\right] = 0 \tag{9.18}$$

至此，$Q_1(t)$ 和 $S_1(t)$ 已经通过求解式 （9.15） 和式 （9.17） 得到。同时，也可以通过求解边界条件为式 （9.9） 的常微分方程式 （9.18） 来得到 $R_1(t)$。但是，由于 $R_1(t)$ 与式 （9.10） 中所示的最优反馈函数的形式没有关系，这里略去相关计算。

同样地，在 ELID 模式养老金的模型中，$i = 2$，$\delta_2 = 0$。令式 （9.12） 中关于 t 的二次项系数为 0，得到以下常微分方程：

$$Q_2' + \left(-\mu^s + r - \frac{(c-r)^2}{\sigma^2}\right)Q_2 - Q_2 + \mu^s \cdot \alpha = 0 \tag{9.19}$$

利用以下变换:

$$Q_2' = Q_2 - K \cdot Q_2 - \mu^S \cdot \alpha = (Q_2 - \omega_1)(Q_2 - \omega_2)$$

其中,

$$K = -\mu^S + r - \frac{(c-r)^2}{\sigma^2}$$

和

$$\omega_1 = \frac{K + \sqrt{K^2 + 4\mu^S \cdot \alpha}}{2} \qquad \omega_2 = \frac{K - \sqrt{K^2 + 4\mu^S \cdot \alpha}}{2}$$

做上述变换以后,得到:

$$\frac{dQ_2}{(Q_2 - \omega_1)(Q_2 - \omega_2)} = dt \qquad (9.20)$$

对式 (9.20) 两侧函数做积分,得到:

$$\frac{1}{\omega_1 - \omega_2} \int_t^T \left(\frac{1}{Q_2 - \omega_1} - \frac{1}{Q_2 - \omega_2} \right) dQ_2 = \int_t^T dt$$

式 (9.19) 的解为:

$$Q_2(t) = \frac{\omega_2 \left(\frac{(\mu^o + r)^2}{\mu^S + r} - \omega_1 \right) - \omega_1 \left(\frac{(\mu^o + r)^2}{\mu^S + r} - \omega_2 \right) e^{(\omega_1 - \omega_2)(T - t)}}{\frac{(\mu^o + r)^2}{\mu^S + r} - \omega_1 - \left(\frac{(\mu^o + r)^2}{\mu^S + r} - \omega_2 \right) e^{(\omega_1 - \omega_2)(T - t)}} \qquad (9.21)$$

令式 (9.12) 中关于 t 的一次项为 0,得到:

$$S_2' - \left(r + \frac{\mu^S \cdot \alpha}{Q} \right) S_2 + NP + \frac{\mu^S \left(NP \cdot \alpha + \frac{\beta}{2} \right)}{Q_2} = 0 \qquad (9.22)$$

常微分方程式 (9.22) 的解为:

$$S_2(t) = \frac{1}{\omega_2 \left(\frac{(\mu^o + r)^2}{\mu^S + r} - \omega_1 \right) - \omega_1 \left(\frac{(\mu^o + r)^2}{\mu^S + r} - \omega_2 \right) e^{(\omega_1 - \omega_2)(T - t)}} \cdot$$

$$\left\{ \frac{(\mu^o + r)(\omega_2 - \omega_1) NP}{\mu^S + r} \cdot e^{\left(r + \frac{\mu^S \cdot \alpha}{\omega_2} \right)(t - T)} \right.$$

$$-\frac{\left[NP\cdot\omega_2+\mu^S\left(NP\cdot\alpha+\dfrac{\beta}{2}\right)\right]\left(\dfrac{(\mu^o+r)^2}{\mu^S+r}-\omega_1\right)}{r+\dfrac{\mu^S\cdot\alpha}{\omega_2}}\left(e^{\left(r+\frac{\mu^S\cdot\alpha}{\omega_2}\right)(t-T)}-1\right)$$

$$-\frac{\left[NP\cdot\omega_1+\mu^S\left(NP\cdot\alpha+\dfrac{\beta}{2}\right)\right]\left(\dfrac{(\mu^o+r)^2}{\mu^S+r}-\omega_2\right)}{r+\dfrac{\mu^S\cdot\alpha}{\omega_2}+\omega_1-\omega_2}$$

$$\times\left(e^{(\omega_1-\omega_2)(T-t)}-e^{\left(r+\frac{\mu^S\cdot\alpha}{\omega_2}\right)(t-T)}\right)\Bigg\}\tag{9.23}$$

令式 (9.12) 中的常数项为 0, 得到以下 $R_2(t)$ 满足的常微分方程:

$$R_2'-\left(\mu^S+r-\frac{Q_2'}{Q_2}\right)R_2-\left[\frac{(c-r)^2}{\sigma^2}S_2+Q_2S_2-2NP\cdot S_2\right.$$

$$\left.-\frac{\mu^S\cdot\alpha\cdot NP^2}{Q_2}-\frac{\mu^S\cdot\beta\cdot NP}{Q_2}\right]=0\tag{9.24}$$

至此, $Q_2(t)$ 和 $S_2(t)$ 已经通过求解式 (9.21) 和式 (9.23) 得到。同时, 也可以通过求解边界条件为式 (9.13) 的常微分方程式 (9.24) 来得到 $R_2(t)$。由于 $R_2(t)$ 与式 (9.10) 中所示的最优反馈函数的形式没有关系, 这里略去相关计算。

综上所述, 分别由式 (9.10)、式 (9.15) 和式 (9.17), 以及式 (9.10)、式 (9.21) 和式 (9.23) 的结果分别建立了最优反馈函数的解析解 $\pi_{i*}(y;t)$ 和 $p_{i*}(y;t)$, $i=1,2$。通过上述结果容易发现, 最优策略 $\pi_{i*}(y;t)$ 和 $p_{i*}(y;t)$ 是时间 t 和养老金积累资产水平 y 的函数。

(2) 建立最优资产配置策略 $\pi_i^*(t)$ 和最优给付策略 $p_i^*(t)$。令 $\pi_{i*}(\cdot,\cdot)$ 和 $p_{i*}(\cdot,\cdot)$, $i=1,2$ 分别为由式 (9.10) 定义的最优反馈函数。那么, 以下两个随机微分方程分别存在唯一的解 $Y_{1*}(t)$ 和 $Y_{2*}(t)$。

$$\begin{cases}\mathrm{d}Y_{i*}(t)=\left\{\left[\pi_{i*}(Y_{i*}(t),t)(c-r)+r\right]Y_{i*}(t)+\delta_i\mu^oY_{i*}(t)\right.\\\qquad\left.-p_{i*}(Y_{i*}(t),t)(t)\right\}\mathrm{d}t+\pi_{i*}(Y_{i*}(t),t)\sigma Y_{i*}(t)\mathrm{d}B(t)\\D_{i*}(\tau_d)=(1-\delta_i)Y_{i*}(\tau_d)\\Y_{i*}(0)=y_0\end{cases}\tag{9.25}$$

利用厄克森达尔和萨利姆 (2005) 类似的方法, 可以证明随机最优控制问题式（9.6）和式（9.7），以及式（9.8）~式（9.10）的验证定理是成立的。由式（9.10）定义的函数 $\pi_{i*}(y;t)$ 和 $p_{i*}(y;t)$，以及由式（9.6）定义的函数 $\varphi_i(\pi_{i*}(y;t),p_{i*}(y;t),y;t)$ 分别为最优策略和最优值函数。随机微分方程式（9.25）的唯一解 $\{Y_{i*}(t),t\geq 0\}$ 称为最优状态过程。最优资产配置策略和最优给付策略 $(\pi_i^*(t),p_i^*(t))$ 为最优反馈函数 $(\pi_{i*}(\cdot;t),p_{i*}(\cdot;t))$ 和最优状态过程 $Y_{i*}(t)$ 的复合，$\pi_i^*(t)=\pi_{i*}(Y_{i*}(t),t),p_i^*(t)=p_{i*}(Y_{i*}(t),t)$。此外，可知 $V_i(y,t)=\varphi_i(\pi_{i*}(y;t),p_{i*}(y;t),y;t)=J_i(\pi_i^*,p_i^*,y;t)$。

9.4　数值模拟分析

本节利用蒙特卡罗方法研究在 ELA 和 ELID 养老金模式下，不同的健康状况和遗产动机对最优资产配置策略和最优给付策略的影响。此外，还将建立 ELA 和 ELID 模式下最优养老效用模式选择的边界。

在数值分析部分，采用蒙特卡罗方法随机产生 10 000 条养老金资产过程的轨道。在每一步模拟中，资产水平通过上一步计算得到的最优策略 π_i^* 和 p_i^*，以及一个随机生成项按照式（9.25）共同决定。之后，本步的最优策略 π_i^* 和 p_i^* 再由当前的资产水平，通过式（9.10）重新计算得到。将上述步骤重复 10 000 次，再将 10 000 次结果的 π_i^* 和 p_i^* 计算平均值，以研究最优控制策略随时间变化的情况。

利用资本市场和养老金管理中的实证数据，对相关的参数做以下假设：养老金给付阶段开始的年龄为 $x_0=60$，即养老金参保者的退休年龄为 60 岁。无风险利率为 $r=0.02$，这是通过计算美国一年期债券的收益率得到的。风险资产的预期收益率和波动率分别为 $c=0.1$ 和 $\sigma=0.3$，这是通过估计美国股票指数的收益和波动率情况得到的。此外，我们对个人养老金账户的情况做以下假设：养老金账户初始资产水平为 $y_0=35$ 万美元；预期的给付中枢为 $NP=3$ 万美元每年。在大多数国家，养老金不足以提供较高的养老效用。以上假设刚好代表了养老金资产水平不足的情况。

$\mu^0 = 0.05$ 为利用所有参保者的生存和死亡规律估计出来的死亡力，这是利用大数定律估计出来的。$\mu^s = 0.075$ 为带有异质健康状况的参保者独特的健康状况对应的死亡力，这是参保者自己所了解的私人信息。更高的 μ^s 表示该参保者的健康状况较群体的水平更为糟糕。由于该模型没有考虑死亡力随年龄的变化，相应的结果可能存在一定误差，这也是在获得解析形式解和符合实际经验中的一个平衡。

此外，假设强制转化时间为 $T = 15$。在参保者年龄达到强制转换时间时，所有的养老金资产全部用于投资无风险资产，且按照生存年金的规则进行给付。$\alpha = 0.005$ 度量了没有遗产动机的参保者的最后一次给付提供的效用在整个效用函数中的重要性。在本节的研究中，由于最优化目标为最小化二次偏差，年轻参保者早亡后，其遗产将数倍于预期给付中枢 NP，因此，α 应该足够小，以满足可比性。$\beta = 0.25$ 度量了有遗产动机的参保者的遗产提供的效用在整个效用函数中的重要性。由于一些参保者处于较年轻的阶段，需要承担抚养子女的责任，其有较高的遗产动机。负效用函数中添加负的一次偏差表达了对更高遗产的偏好，即遗产提供了更高的正效用。

（1）基于上述关于相关参数的设定，研究在 ELA 和 ELID 模式下，最优资产配置策略和最优给付策略随时间的变化情况。图 9 - 1 和图 9 - 2 显示 ELA 模式下最优风险资产配置的比例较 ELID 模式低，而最优给付则远远高于 ELID 模式下的给付比例。在 ELA 模式下，生存的参保者会获得生存者利益，这会增加其账户积累的资产水平。根据霍萨 - 丰贝利达和林孔 - 萨帕特罗（2001）的结论，本研究的优化目标下，最优风险资产配置比例与资产水平间呈现负相关的反直觉关系。因此，在 ELA 模式下，风险资产的配置比例更低。此外，由于遗产产生的效用也对优化函数有贡献，ELID 模式下的参保者需要增加风险资产的投资，以期获得收益和增加资产水平，并最终增加死亡时的遗产水平。在图 9 - 1 中，随着时间的演进，最优风险资产配置比例呈现收敛的情况。这是由以下两个原因引起的：前期较高的风险资产投资比例增加了养老金积累的资产水平，这导致后期只需要投资较小比例的风险资产就可以满足养老金的给付需求。在 ELID 模式下，当参保者年龄逐渐接近强制转换时间时，获得遗产的概率在逐渐降低，参保者偏好降低风险资产投资。在图 9 - 2 中，研究发现最优遗产过程在长达 15 年中几乎与初始的养老金资产水平保持一致。

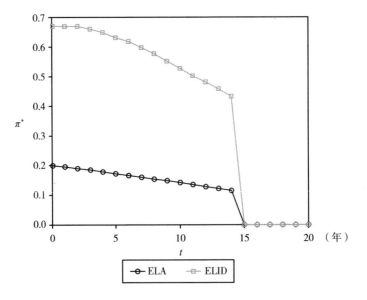

图 9 - 1　ELA 和 ELID 模式下最优风险资产配置比例 π_1^* 和 π_2^* 示例

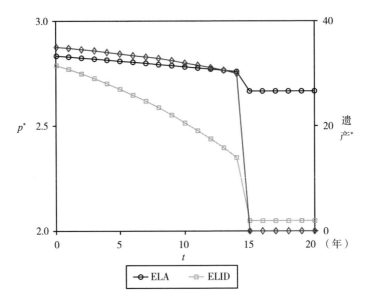

图 9 - 2　ELA 和 ELID 模式下最优给付 p_1^* 和 p_2^* 以及遗产过程示例

（2）研究异质的健康状况 μ^S 对最优控制策略的影响。在图9–3中，ELA模式下更高的死亡力水平增加了风险资产的投资比例。健康状况较差的参保者偏好提高风险资产的投资比例，以增加养老金积累水平，并在前期给付足够的养老金，这可以降低前期的负效用。由于健康状况较差的参保者后期存活的概率比较低，后期给付不足产生的负效用对整体优化目标的影响不大。

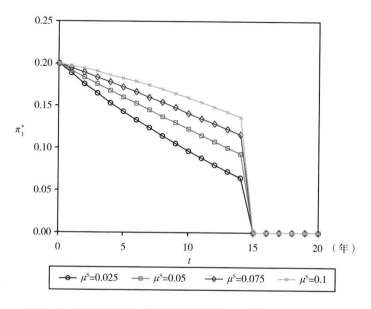

图9–3　ELA模式下 μ^S 对最优风险资产配置比例 π_1^* 的影响

在图9–4中，对于健康状况处于正常范围的参保者，$\mu^S = 0.025$、0.05、0.075，总的风险投资的比例是下降的趋势。由于健康状况较好的参保者对于长寿更有信心，他们偏好选择较少风险投资的更为保守的策略。当健康状况变差时，参保者偏好增加风险投资，并预期更高的投资回报，以及死亡时获得更高的遗产。类似地，在更高年龄上他们选择更为保守的投资策略。以上原因解释了当 $\mu^S = 0.1$ 时，最优风险资产配置比例出现先上升后下降的趋势。

图9–5和图9–6中，在ELA和ELID养老金模式下，更高的死亡力水平增加了前期的给付水平。健康状况更差的参保者的生存概率下降得更快，因此，前期给付产生的负效用在整个优化目标中更为重要。因此，这

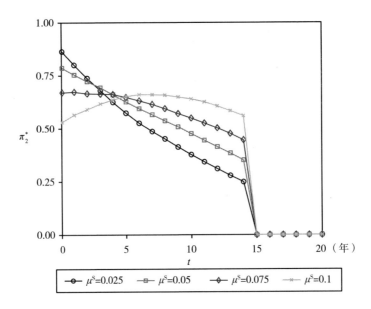

图 9 - 4　ELID 模式下 μ^s 对最优风险资产配置比例 π_2^* 的影响

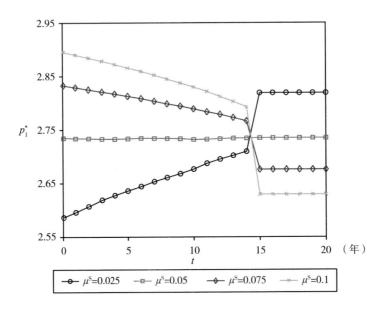

图 9 - 5　ELA 模式下 μ^s 对最优给付 p_1^* 的影响

类参保者偏好在前期给付更多的养老金，以降低产生的负效用。随着时间的演进，更高的前期给付损伤了后期养老金积累水平，这导致参保者不得不承受在转换期后较低的给付水平，虽然这在优化目标中并不重要。此外，在 ELID 养老金模式中，与 ELA 模式相比，遗产动机降低了各种健康状况下参保者的相对给付水平。

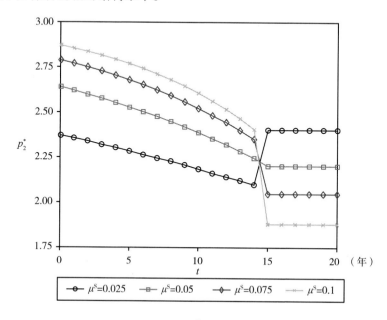

图9-6　ELID 模式下 $\boldsymbol{\mu}^S$ 对最优给付 p_2^* 的影响

（3）研究遗产动机 β 对最优策略的影响。在 ELA 养老金模式下，参保者在生存期获得生存者利益，而在死亡时不留遗产。因此，遗产动机对 ELA 模式下养老金参保者的最优策略不存在影响。图9-7 和图9-8 中，在 ELID 模式下，更高的遗产动机水平增加了在风险资产上的投资比例，同时降低了前期的给付水平。在养老金给付初期，更高遗产动机的参保者的最优策略是尽可能地增加积累资产水平，这样在死亡时可以获得更高的遗产。因此，这类参保者增加了风险资产的投资，并降低了给付水平。由于前期给付不足产生的负效用被更高的遗产水平产生的正效用抵消了，随着时间的演进，有更高的遗产动机的参保者的资产水平上升得更快，后期则可以选择更低比例的风险投资，并增加给付水平。此外，在参保者年龄到达强制转换时间时，养老金将全部转换为生存年金，参保者不再获得遗产。随着参保者年龄逐渐接近转换时间，遗产动机更强的参保者的投资策略应该更为保守，并通过增加给付来实现较高的资产水平带来的效用。

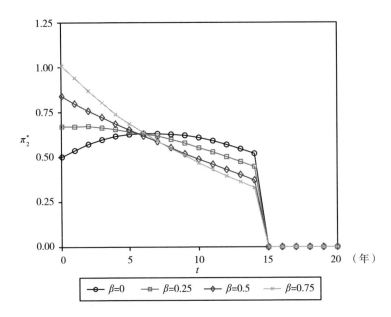

图 9-7 ELID 模式下 β 对最优风险资产配置比例 π_2^* 的影响

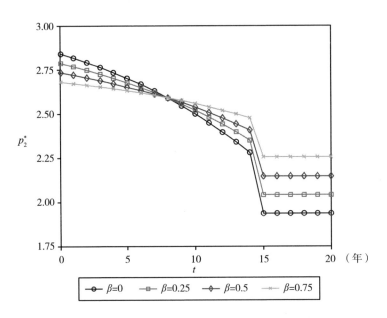

图 9-8 ELID 模式下 β 对最优给付 p_2^* 的影响

（4）研究个人健康状况 μ^S 和遗产动机 β 对 ELA 和 ELID 养老金模式下最优目标函数的影响。在前述计算中，并没有获得最优目标函数中 $R_1(t)$

和 $R_2(t)$ 的具体形式，因此，我们利用下面的方法获得两种养老金管理模式下，最优目标函数在时刻 0 的值。利用蒙特卡罗方法，随机生成 10 000 条资产过程的轨道，并计算各个时间上的最优控制策略。10 000 条轨道上最优策略产生的偏差的平均值被用于研究最优目标 V 在 0 时刻的值。

最优化目标为最小化相关偏差，即更小的目标函数代表更低的负效用和更高的效用。在图 9 - 9 中，更大的死亡力增加了最优化目标的效用，这是由于健康状况较差的参保者后期生存概率较低，其可以通过增加前期给付降低负效用。此外，在 ELID 养老金模式下，该效用增加得更为迅速，这是由于健康状况较差的参保者更容易在年轻时获得较大的遗产，这将极大地增加总效用。

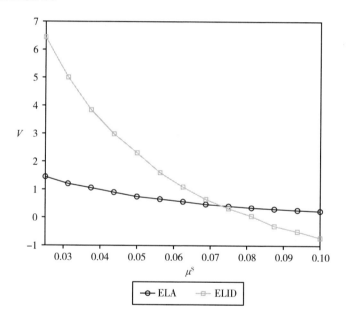

图 9 - 9　ELA 和 ELID 模式下 μ^S 对最优目标函数的影响

图 9 - 10 中，遗产动机对 ELA 模式下的最优目标函数没有影响。在 ELID 模式下，更高的遗产动机极大地增加了总效用。更高的遗产动机下，遗产产生的效用直接增加了整个效用函数。

在图 9 - 11 中，我们研究在异质的健康状况和遗产动机下，在 ELA 养老金模式和 ELID 养老金模式下的模式选择问题。由于养老金模式需要在

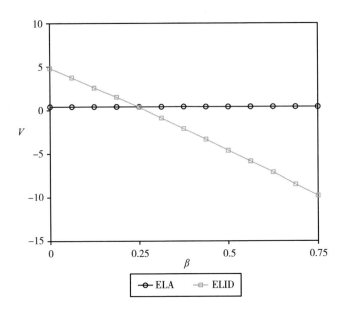

图 9 - 10　ELA 和 ELID 模式下 β 对最优目标函数的影响

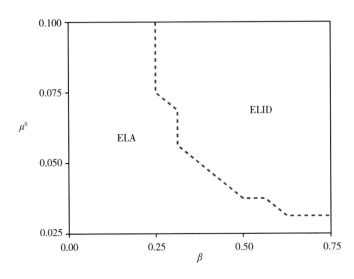

图 9 - 11　异质的健康状况 μ^S 和遗产动机 β 对 ELA 和 ELID 间模式选择的影响

养老金给付期开始时决定，我们通过比较式（9.2）中 ELA 模式的值函数，以及式（9.4）中 ELID 模式的值函数在 0 时刻的大小来决定最优模式。同样地，由于没有得到值函数的具体形式，这里仍然采用蒙特卡罗方法计算累积偏差来得到值函数。结果显示，在较好的健康状况和较低的遗产动机组合下，ELA 模式是最优的。在这种情况下，遗产产生的效用更难实现，因此，参保者偏好在生存期获得生存者利益以增加养老金积累水平。相反，在更差的健康状况和更高的遗产动机组合中，ELID 模式是最优的。在这种情况下，遗产产生的效用更容易实现，由遗产产生的效用弥补了缺少生存者利益和更低的给付造成的效用损失。

（5）利用两种风险度量标准研究 ELA 和 ELID 模式下，养老金给付不足的风险。由于相关的参数是根据资本市场情况和养老金管理实践设定的，展示了养老金积累不足的实际情况。通过模拟发现，几乎在所有的情景中，实际给付水平都低于预期给付水平。

本节分别用在险价值（value at risk，VaR）和期望不足（expected shortfall，ES）作为两种重要的风险度量标准。VaR（95%）为在 95% 的置信度下出现的实际给付不会低于该阈值，即 VaR（95%）为所有模拟的实际给付中最低的 5% 实际给付的临界值。ES 为在实际给付低于预期给付的条件下，实际给付低于预期给付值的期望值。ES 的定义如下：

$$ES(\text{期望不足}) = \left| \sum_{j=1}^{k} \frac{1}{k}(\text{第}\,j\,\text{次实际给付} - \text{预期给付}) \right|$$

其中，（第 j 次实际给付 – 预期给付）$< 0, j = 1, \cdots, k$　　　　(9.26)

由于给付发生在养老金给付期的每个整数年龄，各个时点上的给付都被当作实际给付样本集合中的一个样本。为了简单起见，我们计算从 $T=0$ 到 $T=20$ 的实际给付样本。我们随机生成了 10 000 条养老金资产过程轨道，并计算每个整数年龄的实际给付，这样，可以得到 200 000 个实际给付的样本。

一些研究质疑本节研究中对控制策略可行域的界定。他们认为实际的可行域应该限定于以下区域 $\pi^* \in [0,1]$, $p^* \in [0, Y(t)]$。而为了避免时间不一致条件下带约束的优化问题，我们将可行域人为延拓至 $\pi^* \in (-\infty, +\infty)$, $p^* \in (-\infty, +\infty)$。在模拟部分，为了解决上述问题，加入了一种更为接近实际的次优策略。在该次优策略中，当最优控制策略超过实际的可行域时，将最优控制策略选为可行域的边界值。

表 9-1 和表 9-2 展示了在最优策略和次优策略下，在不同的健康状况和遗产动机下，实际给付低于预期给付的风险。

表 9 – 1　　　　　最优策略和次优策略下实际给付的 VaR（95%）阈值

VaR（95%）	ELA	β	ELID	$\beta=0$	ELID	$\beta=0.25$	ELID	$\beta=0.5$	ELID	$\beta=0.75$
	最优	次优	最优	次优	最优	次优	最优	次优	最优	次优
$\mu^S=0.025$	2.2219	2.213	1.0604	0.3212	1.0604	0.331	1.1183	0.3473	1.117	0.3424
$\mu^S=0.05$	2.3064	2.2859	1.2873	0.0789	1.3082	0.0719	1.309	0.0743	1.3166	0.0668
$\mu^S=0.075$	2.3068	2.2663	1.2149	0.0085	1.2401	0.0042	1.3618	0.0037	1.384	0.0028
$\mu^S=0.1$	2.3233	2.2675	1.0077	0.0072	1.1672	0.0033	1.3596	0.0017	1.4648	0.0011

表 9 – 2　　　　　最优策略和次优策略下实际给付的期望不足 ES

ES	ELA	β	ELID	$\beta=0$	ELID	$\beta=0.25$	ELID	$\beta=0.5$	ELID	$\beta=0.75$
	最优	次优	最优	次优	最优	次优	最优	次优	最优	次优
$\mu^S=0.025$	0.299	0.3024	0.734	0.8892	0.7278	0.888	0.7096	0.8822	0.7065	0.876
$\mu^S=0.05$	0.2644	0.2704	0.635	0.8238	0.6183	0.82	0.6039	0.8165	0.5871	0.814
$\mu^S=0.075$	0.2405	0.2515	0.6034	0.8049	0.5865	0.8002	0.5418	0.7923	0.5128	0.785
$\mu^S=0.1$	0.2196	0.2328	0.6125	0.8071	0.5645	0.7859	0.5066	0.7719	0.4559	0.7668

　　表 9 – 1 和表 9 – 2 分别为 ELA 和 ELID 养老金模式下最低的 5% 实际给付和期望实际给付的不足。在 ELA 养老金模式下，相关结果不受遗产动机参数 β 的影响。同时，健康状况更差的参保者偏好更高比例的风险资产投资。更为激进的投资策略同时增加了资产水平和实际给付的期望值和波动率。当参保者健康状况变差时，由于左侧尾部的增加被期望中值的增加所抵消，VaR（95%）的阈值增加，而期望不足 ES 降低。在 ELID 模式下，健康状况较差的参保者偏好在前期降低对风险资产的投资，而在后期增加对风险资产的投资。后期较为激进的投资策略增加了实际给付的期望值和波动率。同时，研究发现，后期的投资策略对实际给付波动性的影响是主要的，因此，VaR（95%）的阈值和期望不足 ES 都随着健康状况的变差而降低。此外，有更高遗产动机的参保者倾向于前期投资更高比例的风险资产，而后期投资更低比例的风险资产。前期的激进投资策略极大地增加了养老金积累水平，后期保守的投资策略则极大地降低了实际给付的波动率。因此，在这种情况下，当参保者健康状况变差时，VaR（95%）的阈值升高，而期望不足 ES 降低。

　　此外，在 ELA 模式下，次优策略的表现略低于最优策略。但是，在

ELID 模式下，次优策略 VaR（95%）的阈值是非常低的。当养老金参保者经历了糟糕的投资收益时期，其养老金资产水平可能会非常低。在这种情况下，参保者应该提高在风险资产上的投资比例，通过赌博获得实现更高积累水平的可能性。在次优策略中，风险投资比例被限定于实际的可行域范围内，因此，参保者无法投资于过高比例的风险资产，这影响了养老金积累水平的提高。当养老金参保者和管理者选择投资策略时，要特别注意次优策略带来的稳定性问题。

本节研究了 ELA 和 ELID 模式下，养老金给付期的最优资产配置策略和最优给付策略问题；同时考虑了参保者异质的健康状况和遗产动机对最优策略的影响。本书首次在综合考虑给付和遗产产生的效用情况下，研究养老金的管理问题。结果显示，健康状况更差、遗产动机更高的参保者偏好 ELID 模式养老金；而健康状况更高、遗产动机更低的参保者偏好 ELA 模式养老金。在养老金给付初期，健康状况更差的参保者偏好更高比例的风险投资和更大的给付水平。同时，ELID 模式下，遗产动机与最优风险资产配置比例呈正相关关系，而与最优给付呈负相关关系。随着时间的演进，上述前期控制策略改变了养老金资产积累水平，而遗产产生的效用更加难以兑现，这两个因素导致控制策略在后期均呈现收敛的趋势。

第 *10* 章

总　结

10.1　研究内容总结

本书的研究主要集中于对养老金资产配置策略和分配方案的选择，以实现参保者更高的养老效用问题。

（1）研究了 DC 型养老金积累期的最优资产配置方案问题。一般地，养老金参保者在工作期不断向账户缴纳保费，并通过专业管理机构的投资运营实现保值和增值，以期获得较高的养老效果。在积累期，参保者定期缴纳确定的费用作为保费，积累于个人账户。管理者将个人账户资金归集管理，并用于在固定收益类资产和权益类资产上的投资。固定收益资产的回报率较低，但是风险较小；权益类资产的投资回报率较高，但是风险较大。如何权衡在两者上的投资比例，以满足获得收益和控制风险的要求，是资金管理者面临的重要挑战。

结论表明，在相同的风险厌恶水平条件下，当账户资产水平较高时，养老金管理者偏好将更多的资产投资于固定收益类资产，以避免资产价格波动带来的风险。账户资产水平较低时，资金管理者需要更多地投资于权益类资产，以获取账户余额增值的机会。此时，管理者不得不承担权益类资产价格波动的风险，以满足参保者对养老金支取额度的要求。

当参保者风险厌恶程度较高时，管理者应该将更多的资产投资于固定收益类资产，以避免资产价格波动带来的风险；当风险厌恶程度较低时，参保者不大关注账户资产水平的波动性，这种情况下，管理者应该将更多的资产投资于权益类资产，以期实现资产的增值。由于风险厌恶程度较小的参保者会在积累初期投资较多的权益类资产，这使得资产水平较快增加。进而，上升的资产水平会降低在权益类资产上的投资，此时降低风险成为主要资产配置动因。因此，风险厌恶程度较小的参保者随着时间的推移会逐渐降低在权益类资产上的投资比例。

在实际中，为了保护早亡者的利益，一般约定保费返还条款，即在资金积累期死亡的参保者，可以由收益人领取缴纳的全部保险费。从存活者的角度来看，当退休时，他们希望最大化账户资金余额，并减小不确定性，即最小化余额变动的波动性。本书将此类问题转化为连续时间随机最优控制问题。养老金管理者通过选择合适的资产配置策略，实现存活者养老金账户余额的 M–V 效用的最大化。M–V 效用同时兼顾了参保者对风险和收益的要求，非常有实际意义。通过 HJB 变分方法，我们建立了最优的资产配置策略，以及参保者的收益—风险有效边界。

带保费返还条款的养老金管理者倾向于将更多的资产配置于权益类资产。带保费返还机制的养老金计划会对积累期内的早亡者返还保费。与不带保费返还机制的养老金计划相比，保费返还降低了个人账户的资产水平。为了获得资金的增值，即比较高的期末资金水平，参保者不得不承担来自权益类资产价格的波动性，以获得比较高的养老效果。

此外，可以观察到参保者在权益类资产上的投资份额随时间演化逐渐减小。这是由于在养老金的初始积累阶段，参保者的死亡概率是很小的，此时，新收取的保费可以完全覆盖对早亡者的保费返还。这一阶段个人账户的资金水平是上升的，这显然需要将少部分资金投资于权益类资产，而升高在固定收益类资产上的配置比例，以减少资产价格变动带来的风险。随着时间的演进，参保者的死亡概率逐渐增加，新收取的保费无法完全覆盖对当期早亡者的保费返还，此时，账户资金水平逐渐下降，管理层需要将更多的资产投资于权益类资产，以弥补这种资金水平下降的趋势。

（2）研究了 DC 型养老金给付期的最优资产配置问题。在给付期，资金管理者重要的控制变量为资产配置策略和分配方案设计。我们将养老金的投资渠道分为固定收益类资产和权益类资产。固定收益类资产的收益率和风险较低，权益类资产的收益和风险较高。养老金管理者需要选择合适的资产配置策略，以实现参保者较高的养老效果。我们选取了固定分配模式中重要的 ELA 模式作为分配精算原则。在 ELA 模式中，个人账户的资产在退休期可以持续投资于固定收益类资产和权益类资产，以实现资产的增值。此外，由于生存者分享了早亡者个人账户的资金余额，本模型中存在生存者利益的问题。在分配阶段，资金管理者的运营目标仍然为最大化参保者的养老效果。根据实证结果，稳健、能够保持购买力水平的养老金给付是参保者偏好的结果。我们将保持购买力水平的养老金给付作为优化目标。数学上，用实际给付水平与预期给付中枢的二次偏差的最小化表达上述目标函数。通过近似和简化，上述问题转化为连续时间的随机最优控制问题，通过动态优化的方法得到最优的资产配置策略。

结果表明，在权益类资产上的配置比例与养老金账户余额负相关，与预期给付中枢正相关。最优给付金额与养老金账户余额正相关。当账户余额较大时，可以降低在权益类资产上的配置比例，以规避资本市场的投资风险；同时，可以加大分配金额，让参保者获得更高金额的养老金，实现更高的养老效用。这种情况下，需要适当控制养老金账户的规模，避免投资收益不佳的情况下留存过多的养老金，造成参保者的福利损失。当养老金账户余额较小时，养老金管理者应该适当增加在权益类资产上的投资比例，通过承担投资风险，获得能给付足额养老金的机会。在这种情况下，养老金管理者应该更为审慎地经营和投资，聘请有经验的专业人员进行资本市场的投资工作，严格控制风险；同时，适当降低给付的金额，以保障后期养老金的顺利给付。这种情况下，把较多的余额留存于养老金账户内是必要的。养老金管理者希望通过卓有成效的资产管理，可以在后期不断充实养老金账户，为参保者提供稳定持续的养老金。

（3）研究了经购买力调整的预期给付中枢下，养老金的最优资产管理和分配方案设计问题。当经济发展迅速，通货膨胀情况比较严峻时，需要给付比较高的养老金才能保持退休后的购买力。这种情况下，预期给付中枢较高，在权益类资产上的投资比例相应增大，这意味着当养老需求比较高，需要给付更多的养老金时，养老金管理者需要承担更大的来自权益市场的风险，以期能够满足养老金的给付需求。当经济比较平稳，通货膨胀比较温和的时期，较低的养老金给付就可以保持购买力。这种情况下，预期给付中枢较低，可以提高在固定收益类资产上的投资比例，这样既可以满足养老金参保者的养老需求，也可以规避来自权益市场的风险。

（4）研究了参保者的最优养老金模式选择问题，以及在 ELA 和 ELID 模式下，养老金给付期的最优资产配置策略和最优给付策略问题。通过考虑参保者异质的健康状况和遗产动机对最优策略的影响，本书首次在综合考虑给付和遗产产生的效用情况下研究养老金的管理问题。结果显示，健康状况更差、遗产动机更高的参保者偏好 ELID 模式养老金；而健康状况更高、遗产动机更低的参保者偏好 ELA 模式养老金。在养老金给付初期，健康状况更差的参保者偏好更高比例的风险投资和更大的给付水平。同时，ELID 模式下，遗产动机与最优风险资产配置比例呈正相关关系，而与最优给付呈负相关关系。随着时间的演进，上述前期控制策略改变了养老金资产积累水平，而遗产产生的效用更加难以兑现，这两个因素导致控制策略在后期均呈现收敛的趋势。

总之，养老金管理者需要准确研判参保者的特征，结合精准的对外部资本市场的投资收益和风险的估计，选择合理的养老金模式，制定最优的资产配置方案和分配方案。

10.2　进一步的研究方向

1. 养老金的最优转换时间问题

为了保障高龄参保者的养老效用，一般的 DC 型养老金带有强制转换条款，即参保者达到一定年龄时，将个人账户积累额转换成生存年金。至此，领取等额的生存年金，将长寿风险转移给商业保险公司。但是，过早的转换会降低资金投资产生的增值效果，过晚的转换又可能导致高龄时资金给付不足的问题。因此，如何制定最优的转换时间是政策制定者关注的问题。如果将转换时间选取为控制变量，这将涉及寻找时间—账户资产二维最优边界的问题。类似于上述时间不一致条件下优化方法的局限性，由于最优反馈函数与最优资产过程是相互嵌套、相互决定的，如何确定达到边界（最优转换时间）的方法是现有理论无法解决的。我们计划从带有良好的可分离性质的 CRRA 效用出发，研究在时间和资产可分离情况下的最优转换时间问题；再进一步研究拓展至一般效用函数形式的方法。相信相关结论对养老金政策制定和管理实践会有借鉴意义，对时间不一致条件下的最优停时和最优边界问题会有理论贡献。

2. 长寿风险下的养老金管理问题

随着医疗水平的发展和生活水平的提高，人的寿命在逐步增加，未预期到的长寿风险成为养老金管理中的主要风险。由于 DC 型养老金特殊的生存者利益机制，存在生存者对早亡者账户余额分配的效应，这受到长寿风险的影响。目前的研究一般用静态的棣莫弗死亡力模型描述参保者的死亡规律，这并未考虑到长寿风险对最优策略的影响。我们将研究随机死亡力模型下，DC 型养老金的最优资产配置和给付方案设计问题。由于考虑了参保者寿命的随机波动性，引入了新的随机源，原有的市场完备性被破坏，传统的鞅方法不适用。利用艾诺和德沃尔代（Hainaut and Devolder，2006）的结果，尝试在一个延拓的完备市场空间中，利用鞅方法，求得最优的资产水平和回报函数。进而，通过鞅分解进行映射，或者利用动态优化方法，建立不完备市场条件下的最优控制策略。相关研究结果对老龄化背景下的养老金管理有极其重要的意义。

本书将静态的死亡力模型拓展为动态的随机死亡力模型，来考虑长寿风险对养老金管理的影响。死亡力的变化将影响生存者利益，并最终影响不同时期的资产配置比例以及给付方案。可预见，长寿风险将降低生存者账户的养老金积累水平，只有通过更激进的投资和较低的前期给付，才能保证老年后的养老效果。为了验证我们的假设和预测，将利用蒙特卡罗方法，结合实际数据，预测养老金管理者在不同时间的资产配置比例和给付过程。希望研究成果可以为养老金管理和保险监管提供参考基准。

3. 时间不一致条件下，带有策略约束的养老金管理问题

养老金管理问题为时间不一致条件下的随机控制优化问题。由于鞅方法无法处理带有策略约束的优化问题，我们试图在变分方法框架下解决上述问题。但是，在时间不一致条件下，最优策略与最优资产过程嵌套在一起，相互唯一决定。利用传统的变分方法是无法建立最优策略的形式的。

利用巴沙克和沙巴考里（Basak and Chabakauri，2010，2012）的结论，构造一个特殊的测度变换规则，在新测度空间中，将时间不一致的问题转化为时间一致的控制优化问题。本研究对时间不一致条件下的约束优化理论有重要的理论贡献；首次对养老金管理问题中的策略的可行域范围做了限制，使之更为符合养老金管理实践，有较高的实践意义。

建立更为符合 DC 型养老金管理实践的控制优化模型。在数学上，上述问题的解决涉及时间不一致条件下带复杂约束的动态优化问题、不完备市场条件下的鞅方法应用问题，以及带有终值约束条件下的变分方法应用问题。上述问题都是随机控制优化领域的难点问题，需要创新性地利用变分方法、鞅方法、随机分析等多种理论和方法加以解决。相关结论对随机优化领域有重要的理论贡献；同时，可以为养老金政策制定者提供政策建议，为养老金管理者提供投资和给付方案建议，为养老金参保者提供业绩基准，为金融监管机构提供监控依据。

10.3　后续研究计划

针对以上研究内容和目标，计划采取以下方案进行研究工作。首先，研究时间不一致条件下的控制优化问题，探究在特殊的测度变换下转换为时间一致优化问题的方法，从而解决带有控制策略约束的养老金最优资产配置和给付方案问题。其次，选取有可分离性质的 CRRA 函数作为效用函数，研究养老金的最优转换时间问题，并尝试探讨更为广义的效用函数形式下的最优停时和最优边界问题。再次，研究不完备市场条件下，鞅方法如何应用的问题。这需要探究延拓的完备空间建立的最优回报函数向原不完备空间映射的问题，并通过鞅分解和映射，或者变分方法得到原问题的解。相关结论可以很好地解决长寿风险背景下的养老金最优策略问题。最后，研究在变分方法框架下，如何通过构建辅助过程来解决带有缴费过程和终值约束的控制优化问题。该理论用于解决带有最低给付约束的养老金管理问题。通过融合鞅方法和变分方法的理论精髓，解决上述养老金管理领域的实际问题，是下一步的主要研究工作。

（1）养老金管理问题是时间不一致的控制优化问题。在时间不一致条件下，最优反馈函数与资产过程是相互嵌套、相互决定的。我们无法确定何时、何种资产水平达到边界。受到巴沙克和沙巴考里（2010，2012）关于时间不一致下的控制优化问题研究的启发，我们计划按照以下思路进行求解。巴沙克和沙巴考里（2010，2012）的一个重要结论为，在风险资产的风险溢价为零时使用的最小化方差效用为时间一致的模型。这相当于在一个特殊的测度空间中，可以将一些带有良好性质的效用函数的时间不一致问题，转化为时间一致的优化问题进行研究。研究的关键在于构造一个特殊的测度变换方法，使在新的测度空间中原有的时间不一致问题转化为时间一致问题进行研究。当然，由于养老金管理的优化目标为最小化二次偏差，与最小化方差有一定出入，且还存在其他引起时间不一致的因素，需要我们创造性地对优化目标和相关因素进行简化和修改，构建特殊的测度变换规则，以期能够在新的测度空间中转化为时间一致的优化问题加以解决。如何构建特殊的测度变换规则，是非常需要经验和技巧的。如果可以完成上述转化，后续问题可以利用前文论述的变分方法的手段和步骤很好地解决。

（2）为了保障高龄参保者的养老效用，一般的 DC 型养老金带有在一定时间强制转换为生存年金的条款。如何选取最优的转换时间，实现参保者最大的养老效用，是养老政策制定部门和参保者都关注的问题。将转换时间选取为控制变量，这在数学上转化为时间不一致条件下的最优停时和最优边界问题。类似地，由于最优反馈函数与最优资产过程的相互嵌套和相互决定结构，传统的优化方法是很难解决上述问题的。

我们目前的研究基础是将转换时间作为确定性的外生变量进行研究，即先确定转换时间，再建立不同转换时间下的最优资产配置策略和最优给付过程。进而，利用蒙特卡罗模拟等方法，选取养老效果最好、风险最小的结果，找到最优的转换时间。当然，我们并不满足于仅仅将转换时间作为外生变量进行研究，本研究将转换时间作为重要的控制变量进行研究。受到米列夫斯基和扬（2007）的启发，我们计划先研究目标函数为 CRRA 效用函数的最优转换时间问题。由于 CRRA 函数有良好的可分离性质，即通过设定特殊的最优回报函数形式，可以使资产水平项和时间项相互分离。此时，最优转换时间与资产水平是相互独立的，可以通过先固定时间项，利用变分方法求解最优回报函数，再对时间项求极值点的方式得到最优停时和最优边界。

考虑到回报函数可能为更一般的效用函数形式，我们需要借鉴更多的最优停时和最优边界的理论结果，解决时间与资产水平在效用函数中不可分离情况下的最优控制问题。

（3）在 DC 型养老金管理中，生存者可以通过生存者利益机制获得早亡者账户的余额，即参保者群体的寿命分布会影响个人账户资产水平，从而影响养老金的最优资产配置和最优给付方案。随着医疗水平和经济水平的提高，人口的寿命在逐渐增长，未预期到的长寿风险将极大地影响参保者老年的养老效果。

我们计划通过将静态的死亡力模型拓展为动态的随机死亡力模型，来考虑长寿风险对养老金管理的影响。假设随机死亡力模型服从奥恩斯坦－乌伦贝克（Ornstein-Uhlenbeck）过程。基于此，利用随机分析的方法得到条件生存概率和条件死亡概率。此外，可以利用一个计数过程描述一定时间内的死亡人数。这些结果将用于计量生存者利益的大小。可预见，长寿风险将降低生存者账户的养老金资产水平，只有通过更激进的投资和较低的前期给付，才能保证老年的养老效果。

由于引入了长寿风险，即死亡力的随机源，原有的市场完备性被破坏。实际上，在美国等发达国家市场有可以交易的长寿风险债券，其随机源与上述长寿风险的随机源一致。如果补充了上述长寿风险债券，市场完备性重新得到满足，可以在传统的鞅方法下解决上述问题。

如果不考虑长寿风险债券，如何在市场不完备的情况下利用鞅方法解决上述问题，是本研究的难点问题。以养老金积累期管理问题为例，由于不考虑给付问题，其投资过程为自融资过程，这在控制优化问题中转化为一个约束。解决完备市场条件下的带约束随机优化问题的传统方法为拉格朗日（Lagrange）乘子法。由于市场的不完备性，我们需要在一个延拓的空间中考虑该优化问题，即在一个延拓的完备市场中，约束由自融资约束延拓为鞅测度下的期望终值不大于初始值的预算约束。利用鞅方法可以很好地解决该延拓空间中的带预算约束的控制优化问题，得到最优资产水平终值以及最优回报函数。注意，该最优资产水平在原不完备市场中不一定能够通过一个自融资过程实现。该问题的关键为，如何通过完备市场中的最优资产水平终值和最优回报函数，得到原不完备空间中的最优策略。参考艾诺和德沃尔代（2006）的结果，通过将延拓空间中的最优资产水平终值向原空间做映射来得到最优控制策略。这里可以通过鞅分解的方法，或者动态规划的方法完成上述映射过程。至此，得到原不完备市场条件下的最优资产配置策略。

（4）为了保障参保者的利益，转移参保者养老金给付不足的风险，多数 DC 型养老金带有最低给付约束。其中，最低给付约束存在最低给付年数、最低给付额度等多种形式。通过随机分析和随机积分的方法，可以将最小给付约束表述为积累期结束时资产水平的最小阈值。

带有最低给付约束的养老金积累期管理问题转化为，在资产水平终值大于最小阈值的约束条件下，最大化资产水平终值效用的问题。一般地，利用鞅方法解决此类带有对资产水平终值约束的控制优化问题是非常有效的。但是，此类问题一般带有随机利率和随机波动率等因素，即市场是不完备的，应用鞅方法存在一定障碍。此外，该控制优化问题并非简单的最优投资问题，这其中包含了持续缴费的资金注入过程，以及对最小资产水平的限制，传统的变分方法也无法解决。

受到韩和洪（2012）研究结果的启发，可以设计两个辅助过程，分别复制资金注入过程以及最小资产水平约束。通过在原资产过程上添加辅助过程，可以将上述问题转化为简单的默顿投资—消费问题，即可通过标准的 HJB 变分方法得到解决。通过构造辅助过程，在变分方法框架下解决了带有最小给付约束的养老金最优资产配置问题，这规避了市场不完备对鞅方法使用的限制，是这一类问题创新性的解决方法，有丰富的理论价值和应用空间。

参 考 文 献

［1］郭磊、陈方正：《基于 CRRA 效用函数的企业年金最优个体投资策略》，载于《同济大学学报》2008 年第 3 期。

［2］何声武、汪嘉冈、严加安：《半鞅与随机分析》科学出版社 1995 年版。

［3］卡姆克·E：《常微分方程手册》，科学出版社 1977 年版。

［4］马娟：《生命周期策略在我国企业年金基金投资中的适用性》，载于《统计与决策》2007 年第 2 期。

［5］邵宇：《微观金融学及其数学基础》，清华大学出版社 2008 年版。

［6］孙祁祥、郑伟：《中国保险业发展报告 2015》，北京大学出版社 2015 年版。

［7］王瑞华：《企业年金基金运营与监管创新》，经济管理出版社 2015 年版。

［8］席红辉：《在企业年金投资产品中引入生命周期基金的探讨》，载于《保险研究》2008 年第 8 期。

［9］严加安：《测度论讲义》，科学出版社 1998 年版。

［10］杨长汉、王瑞华：《企业年金投资管理》，经济管理出版社 2015 年版。

［11］叶燕程、高随祥：《缴费确定型企业年金最优投资策略研究》，载于《中国科学院研究生院学报》2007 年第 2 期。

［12］翟永会、王晓芳、闫海峰：《企业年金积累期的最优动态资产配置策略》，载于《中国管理科学》2010 年第 10 期。

［13］张初兵、荣喜民：《均值—方差模型下 DC 型养老金的随机最优控制》，载于《系统工程理论与实践》2012 年第 6 期。

［14］郑秉文：《引入生命周期基金对企业年金改革至关重要》，载于《劳动保障世界》2015 年第 28 期。

［15］Albrecht, P. and Maurer, R. . Self-Annuitization, Ruin Risk in Retirement and Asset Allocation: the Annuity Benchmark ［A］. In Proceedings of the 11th International AFIR Cplloquium 1, Toronto, 2001.

［16］Ando, A. and Modigliani, F. . The 'Life-Cycle' Hypothesis of Saving: Aggregate Implications and Tests ［J］. *American Economic Review*, 1963, 53: 55 – 84.

［17］Bajeux-Besnainou, I. and Portait, R. . Dynamic Asset Allocation in a Mean-Variance Framework ［J］. *Management Science*, 1998, 44: 79 – 95.

［18］Basak, S. and Chabakauri, G. . Dynamic Hedging in Incomplete Markets: A Simple Solution ［J］. *The Review of Financial Studies*, 2012, 25: 1845 – 1896.

［19］Basak, S. and Chabakauri, G. . Dynamic Mean-Variance Asset Allocation ［J］. *The Review of Financial Studies*, 2010, 23: 2970 – 3016.

［20］Battocchio, P. and Menoncin, F. . Optimal Pension Management in a Stochastic Framework ［J］. *Insurance: Mathematics and Economics*, 2004, 34: 79 – 95.

［21］Bellman, R. E. . *Dynamic Programming* ［M］. Princeton, NJ, 1957.

［22］Bernheim, B. D. . How Strong are Bequest Motives? Evidence Based on Estimates of the Demand for Life Insurance and Annuities ［J］. *Journal of Political Economy*, 1991, 99: 899 – 927.

［23］Björk, T. , Murgoci, A. . A General Theory of Markovian Time Inconsistent Stochastic Conrol Problems ［A］. Working paper. Stockolm School of Economics. http: //econtent. essec. fr/mediabanks/ESSEC-PDF/Ens%20et%20Recherche/Enseignement/Departement/seminaire/Finance/2008 – 2009/Tomas_Bjork-Seminaire. pdf

［24］Blake, D. , Cairns, A. J. G. and Dowd, K. . Pensionmetrics II: Stochastic Pension Plan Design During the Distribution Phase ［J］. *Insurance: Mathematics and Economics*, 2003, 33: 29 – 47.

［25］ Blake, D. , Cairns, A. J. G. and Dowd, K. . Pensionmetrics II: Stochastic Pension Plan Design During the Distribution Phase ［J］. *Insurance: Mathematics and Economics*, 2003, 33: 29 – 47.

［26］ Bodie, Z. , Merton, R. C. and Samuelson, W. F. . Labor Supply Flexibility and Portfolio Choice in a Life Cycle Model ［J］. *Journal of Economic Dynamics and Control*, 1989, 16: 427 – 449.

［27］ Bordley, R. and Li Calzi, M. . Decision Analysis Using Targets Instead of Utility Functions ［J］. *Decision in Economics and Finance*, 2000, 23: 53 – 74.

［28］ Boulier, J. F. , Huang, S. and Tailand, G. . Optimal Management under Stochatic Interest Rates: the Case of a Protected Defined Contribution Pension Funds ［J］. *Insurance: Mathematics and Economics*, 2001, 28: 173 – 189.

［29］ Boyle, P. , Broadie, M. and Glasserman, P. . Monte Carlo Methods for Security Pricing ［J］. *Journal of Economic Dynamics and Control*, 1997, 21: 1267 – 1321.

［30］ Brown, J. R. . Private Pensions, Mortality Risk and the Decision to Annuitize ［J］. *Journal of Public Economics*, 2001, 82: 29 – 62.

［31］ Brugiavini, A. . Uncertainty Resolution and the Timing of Annuity Purchases ［J］. *Journal of Public Economics*, 1993, 50: 31 – 62.

［32］ Cairns, A. J. G. , Blake, D. and Dowd, K. . Optimal Dynamic Asset Allocation for Defined Contribution Pension Plans ［C］. In Proceedings of the 10th AFIR Colloquium, Troms, Norway, 2000.

［33］ Cairns, A. J. G. . Some Notes on the Dynamics and Optimal Control of Stochastic Pension Fund Models on Continuous Time ［J］. *ASTIN Bulletin*, 2000, 30: 19 – 55.

［34］ Cairns, A. J. G. , Blake, D. and Dowd, K. . Stochastic Lifestyling: Optimal Dynamic Asset Allocation for Defined-Contribution Pension Plans ［J］. *Journal of Economic Dynamic and Control*, 2006, 30: 843 – 877.

［35］ Chang, S. C. , Tzeng, L. Y. and Miao, J. C. Y. . Pension Funding Incorporating Downside Risks ［J］. *Insurance: Mathematics and Economics*,

2003, 32.

[36] Charupat, N. and Milevsky, M. A.. Optimal Asset Allocation in Life Annuities: a Note [J]. *Insurance: Mathematics and Economics*, 2002, 30: 199 - 209.

[37] Cocco, J. F., Gomes, F. J. and Maenhout, P. J.. Consumption and Portfolio Choice over the Life Cycle [J]. *Review of Financial Studies*, 2005, 18: 491 - 533.

[38] Das, S. R. and Uppal, R.. Systemic Risk and International Portfolio Choice [J]. *The Journal of Finance*, 2004, 59: 2809 - 2834.

[39] Deelstra, G., Grasselli, M., and Koehl, P. F.. Optimal Investment Strategies in the Presence of a Minimum Guarantee [J]. *Insurance: Mathematics and Economics*, 2003, 33: 189 - 207.

[40] Devolder, P., Bosch, M. and Dominguez, F.. Stochastic Optimal Control of Annuity Contracts [J]. *Insurance: Mathematics and Economics*, 2003, 33: 227 - 238.

[41] Di Giacinto, M., Gozzi, F. and Federico, S.. Pension Funds with a Minimum Guarantee: a Stochastic Control Approach [J]. *Finance and Stochastic*, 2011, 52: 297 - 342.

[42] Finkelstein, A. and Poterba, J.. Selection Effects in the United Kingdom Individual Annuities Market [J]. *Economic Journal*, 2002, 112: 28 - 50.

[43] Fleminh, W. H. and Rishel, R. W.. *Deterministic and Stochastic Optimal Control* [M]. New York: Springer, 1975.

[44] Friedman, B. M. and Warshawsky. The Cost of Annuities: Implications for Saving Behavior and Bequests [J]. *Quarterly Journal of Economics*, 1990, 105: 135 - 154.

[45] Gao, J.. Stochastic Optimal Control of DC Pension Funds [J]. *Insurance: Mathematics and Economics*, 2008, 42: 1159 - 1164.

[46] Gerrard, R., Harberman, S. and Vigna, E.. Optimal Investment Choices Post-retirement in a Defined Contribution Pension Scheme [J]. *Insurance: Mathematics and Economics*, 2004, 35: 321 - 342.

［47］ Guan, G. H. and Liang, Z. X.. Optimal Management of DC Pension Plan in a Stochastic Interest Rate and Stochastic Volatility Framework ［J］. *Insurance*: *Mathematics and Economics*, 2014, 57: 58 – 66.

［48］ Guan, G. H. and Liang, Z. X.. Optimal Management of DC Pension Plan under Loss Aversion and Value-at-Risk Constraints ［J］. *Insurance*: *Mathematics and Economics*, 2016, 69: 224 – 237.

［49］ Haberman, S. and Vigna, E.. Optimal Investment Strategies and Risk Measures in Defined Contribution Pension Schemes ［J］. *Insurance*: *Mathematics and Economics*, 2002, 31: 35 – 69.

［50］ Hainaut and Devolder, P.. Management of a Pension Fund under Mortality and Financial Risks ［J］. *Insurance*: *Mathematics and Economics*, 2006, 41: 134 – 155.

［51］ Han, N. , Hung, M.. Optimal Asset Allocation for DC Pension Plans under Inflation ［J］. *Insurance*: *Mathematics and Economics*, 2012, 51: 172 – 181.

［52］ He, L. and Liang, Z. X.. Optimal Asset Allocation and Benefit Outgo Policies of DC Pension Plan with Compulsory Conversion Claims ［J］. *Insurance*: *Mathematics and Economics*, 2015, 61: 227 – 234.

［53］ He, L. and Liang, Z. X.. Optimal Dynamic Asset Allocation Strategy for ELA Scheme of DC Pension Plan During the Distribution Phase ［J］. *Insurance*: *Mathematics and Economics*, 2013, 52: 404 – 410.

［54］ He, L. and Liang, Z. X.. Optimal Financing and Dividend Control of the Insurance Company with Fixed and Proportional Transaction Costs ［J］. *Insurance*: *Mathematics and Economics*, 2009, 44: 88 – 94.

［55］ He, L. and Liang, Z. X.. Optimal Financing and Dividend Control of the Insurance Company with Proportional Reinsurance Policy ［J］. *Insurance*: *Mathematics and Economics*, 2008, 42: 976 – 983.

［56］ He, L. and Liang, Z. X.. Optimal Investment Strategy for the DC Plan with the Return of Premiums Clauses in a Mean-Variance Framework ［J］. *Insurance*: *Mathematics and Economics*, 2013, 53: 643 – 649.

[57] Højgaard, B. and Vigna, E.. *Mean-Variance Portfolio Selection and Efficient Frontier for Defined Contribution Pension Schemes* [M]. Technical Report R – 2007 – 13, Department of Mathematical Sciences, Aalborg University, 2007.

[58] Josa-Fombellida R. and Rincón-Zapatero, J. P.. Minimization of Risks in Pension Funding by Means of Contributions and Portfolio Selection [J]. *Insurance: Mathematics and Economics*, 2001, 29: 35 – 45.

[59] Kahneman, D. and Tversky, A.. Prospect Theory: An Analysis of Decision under Risk [J]. *Econometrica*, 1979, 47: 263 – 290.

[60] Kapur, S. and Orszag, J. M.. A Portfolio Approach to Investment and An-nuitization During Retirement [A]. Proceedings of the Third International Congress on Insurance: Mathematics and Economics, London, 1999.

[61] Kohler, P.. Frailty Modeling for Adult and Old Age Mortality: The Application of a Modified De Moivre Hazard Function to Sex Differentials in Mortality [J]. *Demographic Research*, http: //www. demographic-research. org/Volumes/Vol3/8/, 2000.

[62] Liang, Z. X. and Huang, J. P.. Optimal Dividend and Investing Control of an Insurance Company with Higher Solvency Constraints [J]. *Insurance: Mathematics and Economics*, 2011, 49: 501 – 511.

[63] Lions, P. L. and Sznitman, A. S.. Stochastic Differential Equations with Reflecting Boundary Conditions [J]. *Comm. Pure Appl. Math.*, 1984, 37: 511 – 537.

[64] Malliavin, P.. *Stochastic Analysis* [M]. New York: Springer, 1997.

[65] Markowitz, H. M.. Portfolio Selection [J]. *Journal of Finance*, 1952, 7: 77 – 91.

[66] Markowitz, H. M.. *Mean Variance Analysis in Portfolio Choice and Capital Markets* [M]. New York: Basil Blackwell, 1987.

[67] Merton, R. C.. Lifetime Portfolio Selection under Uncertainty, The Continuous Time Case [J]. *The Review of Economics and Statistics*, 1969, 51 (3).

[68] Merton, R. C.. Optimal Consumption and Portfolio Rules in a Con-

tinous-Time Model [J]. *The Journal of Economic Theory*, 1971, 3: 373 – 413.

[69] Milevsky, M. A. and Robinson, C.. Self-Annuitization and Ruin in Retirement [J]. *North American Actuarial Journal*, 2000, 4: 112 – 129.

[70] Milevsky, M. A. and Young, V. R.. Annuitization and Asset Allocation [J]. *Journal of Economics and Control*, 2007, 31: 3138 – 3177.

[71] Ngwira, B. and Gerrard, R.. Stochastic Pension Fund Control in the Presence of Poisson Jumps [J]. *Insurance: Mathematics and Economics*, 2007, 40: 283 – 292.

[72] Richard, B.. *Dynamic Programming* [M]. Princeton: NJ, 1957.

[73] Richardson, H. A.. Minimum Variance Result in Continuous Trading Portfolio Optimization [J]. *Management Science*, 1989, 35: 1045 – 1055.

[74] Samuelson, P. A.. Lifetime Portfolio Selection by Dynamic Stochastic Programming [J]. *The Review of Economics and Statistics*, 1969, 51 (3).

[75] Vigna, E. and Haberman S.. Optimal Investment Strategy for Defined Contribution Pension Scheme [J]. *Insurance: Mathematics and Economics*, 2001, 28.

[76] Vigna, E.. *Mean Variance Inefficiency of CRRA and CARA Utility Functions for Portfolio Selection in Defined Contribution Pension Schemes* [M]. Carlo Alberto Notebooks 108, Collegio Carlo Alberto, 2009.

[77] Whittle, P.. *Optimization over Time-Dynamic Programming and Stochastic Control* [M]. New York: Wiley, 1983.

[78] Wu, L.. Jumps and Dynamic Asset Allocation [J]. *Review of Quantitative Finance and Accounting*, 2003, 20: 207 – 243.

[79] Yong, J. and Zhou, X. Y.. *Stochastic Controls: Hamiltonian Systems and HJB Equations* [M]. New York: Springer Verlag, 1999.

[80] Zeng, Y. and li, Z. F.. Optimal Time Consistent Investment and Reinsurance Policies for Mean Variance Insurers [J]. *Insurance: Mathematics and Economics*, 2011, 49: 145 – 154.

[81] Zhou, X. Y. and Li, D.. Continuous Time Mean Variance Portfolio

Selection: A Stochastic LQ Framework [J]. *Applied Mathematics and Optimization*, 2000, 42: 19 – 33.

[82] Φksendal, B. and Sulem, A.. *Applied Stochastic Control of Jump Diffusions* [M]. Springer Berlin Herdelberg New York, 2005.

图书在版编目（CIP）数据

DC 型养老金管理问题研究／何林著． —北京：
经济科学出版社，2017. 11
ISBN 978 - 7 - 5141 - 8574 - 4

Ⅰ. ①D⋯　Ⅱ. ①何⋯　Ⅲ. ①退休金 - 资金管理 - 研
究　Ⅳ. ①F241. 34

中国版本图书馆 CIP 数据核字（2017）第 261228 号

责任编辑：初少磊
责任校对：杨晓莹
责任印制：李　鹏

DC 型养老金管理问题研究

何　林　著

经济科学出版社出版、发行　新华书店经销
社址：北京市海淀区阜成路甲 28 号　邮编：100142
总编部电话：010 - 88191217　发行部电话：010 - 88191540
网址：www. esp. com. cn
电子邮箱：esp@ esp. com. cn
天猫网店：经济科学出版社旗舰店
网址：http://jjkxcbs. tmall. com
北京季蜂印刷有限公司印装
710 × 1000　16 开　11. 5 印张　200000 字
2017 年 11 月第 1 版　2017 年 11 月第 1 次印刷
ISBN 978 - 7 - 5141 - 8574 - 4　定价：38. 00 元